Hochvogel
2593
Luitpoldhaus
1897
Großer
Daumen
2280
Nebelhorn
2224
Giebelhaus
1067
ERTAL
RETTERSCHWANG
BRUCK
831
Hindelanger
Sesselbahn
ERDORF
850
Ostrach
Schwimmbad
Kurhaus
Sportanlagen
LIEBENSTEIN
820 - GROSS
HINDELANG 850
VORDERHINDELANG
833
Sonthofen
RECKENBERG
RIEDLE

Hindelang
Oberjoch

Dr. Axel Borsdorf · Dr. Helmut Eck

Hindelang Oberjoch

Wandern rund um den Jochpaß

Verlag Wilfried Eppe · Bergatreute

CIP-Kurztitelaufnahme der Deutschen Bibliothek

Borsdorf, Axel:

Hindelang, Oberjoch: Wandern rund um den Jochpaß /
Axel Borsdorf; Helmut Eck. –
Bergatreute: Eppe, 1986

ISNB 3-89089-550-6

NE: Eck, Helmut

Die Abbildung auf der Umschlagvorderseite zeigt das Ostrachtal mit Hindelang und Bad Oberdorf vor den Hintersteiner Bergen Foto: Kaufmann

Umschlagrückseite: St. Jakobskapelle in Oberjoch mit Blick auf die Rotspitze (2033 m) Foto: Kaufmann

Gesamtherstellung: Wilfried Eppe, Bergatreute

ISBN 3-89089-550-6

Inhaltsverzeichnis

Vorwort

Die Idee zum vorliegenden Wander- und Exkursionsführer entstand schon 1976, als die Universität Tübingen in Oberjoch das Berghaus Iseler erwarb. Die doppelte Nutzung, der das Berghaus im folgenden zugeführt wurde – als Studierstätte für raumwissenschaftliche, biologische und sportwissenschaftliche Institute einerseits und als Erholungsstätte für Bedienstete der Universität andererseits – legte den Gedanken nahe, einen für beide Nutzerkreise handhabbaren Wander- und Exkursionsführer zu erarbeiten.

Grundlage dieses Führers bildeten mehrere längere Aufenthalte in Oberjoch, die zum Teil als Geländepraktika mit Studenten, zum Teil als Einzelstudien angelegt waren. An dieser Stelle danken wir allen Studenten, derem Einsatz wir viele Erkenntnisse verdanken, die hier ihren Niederschlag gefunden haben. Wir danken aber auch dem Universitätsbund, der die Finanzierung einiger Reisen übernommen, ferner dem Präsidenten der Eberhard-Karls-Universität Tübingen, Herrn Ministerialrat a. D. Dr. h. c. Adolf Theis, der unsere Arbeit von Anfang an begrüßt und nach Kräften gefördert hat.

Vom Geographischen Institut Tübingen verdanken wir manchem Kollegen wertvolle Hinweise. Gern gedenken wir auch der anregenden Mitarbeit von Prof. Dr. G. Schweizer, der an der Konzeption noch mitwirkte, dann aber nach seiner Berufung nach Köln am weiteren Fortgang der Arbeit nicht mehr teilhaben konnte.

In Hindelang und Oberjoch unterstützten uns so viele Persönlichkeiten und Freunde, daß sie hier nicht alle namentlich aufgeführt werden können. Stellvertretend danken wir Herrn Kurdirektor Kuisle (†) für seine stete Hilfsbereitschaft, Herrn A. Keck vom Bergführerbüro für seine wertvollen Hinweise, Herrn Oberalpmeister Bellot für seine Geduld bei der Zusammenstellung der alpwirtschaftlichen Daten und schließlich der Pächterfamilie Egger im Berghaus Iseler, die mit guter Laune und schmackhaftem Essen auch trübe Tage im Gelände vergessen machen konnte.

Dr. Borsdorf / Dr. Eck

Einführung

Zur Benutzung des Wanderführers

Der Führer „Wandern rund um den Jochpaß“ entstand aus Liebe zur Hindelanger Bergwelt und will helfen, diese auch anderen zu vermitteln. Er ist als Einstieg gedacht und soll mehr die Lust auf eigene Entdeckungen wecken, als gängelnd jedwede kleine Unternehmung im voraus zu bedenken und hier zu beschreiben.

So steht dem Routenteil eine verhältnismäßig lange Einführung in die Landeskunde des Hindelang-Oberjocher Raumes voran, die die Augen öffnen soll für das Verständnis des uns am Jochpaß umgebenden Raumes. Der Tourenteil ist dann eher eine Zugabe zum „Einüben“ der erworbenen Kenntnisse. Am Beispiel leichter Wanderungen soll auch dem Laien deutlich werden, wie sich das Landschaftsmosaik zusammensetzt und welche Informationen aus jedem Mosaiksteinchen gewonnen werden können.

Natürlich gibt es viele andere Wandermöglichkeiten. Es erscheint auch denkbar, die vorgeschlagenen Wege zu verlängern, abzuwandeln oder gar zu verbinden. Hierzu soll sogar ermuntert werden.

Obligatorisch ist aber eine andere Wanderhilfe: nämlich eine gute topographische Karte. Im Anhang finden sich Hinweise, ebenso auf weiterführende Literatur. Genauso wichtig wie die Karte ist eine gute alpine Wanderausrüstung, zu der in jedem Fall der Wanderstiefel, ein Regenschutz und wärmende Kleidung gehören sollte. Das Mitnehmen von Kamera und Fernglas richtet sich nach dem persönlichen Interesse. Bei Hochgebirgswanderungen sollte man zur Sicherheit Dritte über den geplanten Weg unterrichten, so daß im Ernstfall gezielte Hilfsmaßnahmen möglich sind.

Landeskundlicher Überblick

Foto: Kaufmann

Das Ostrachtal mit Hindelang

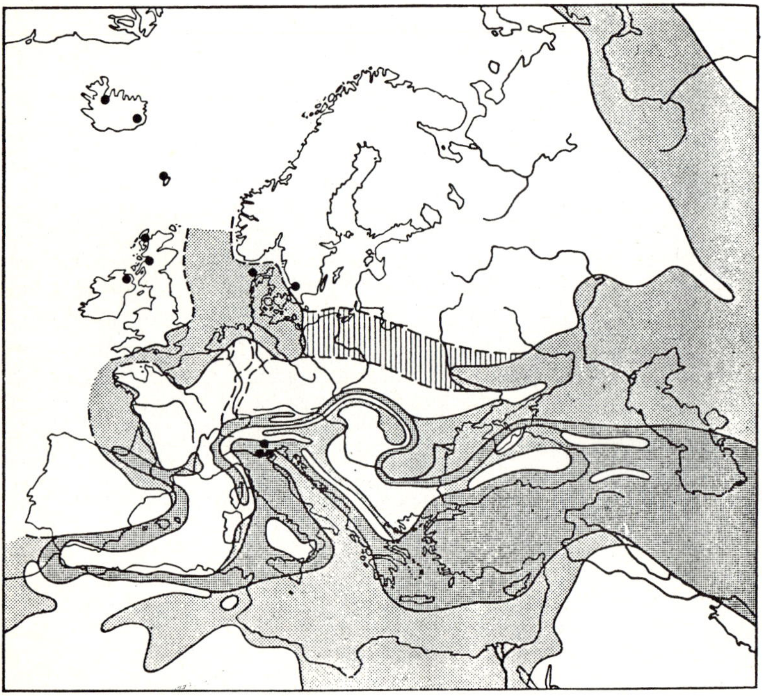

Festland — kurzzeitig überflutetes Gebiet

Epikontinentalmeer — Geosynklinalmeer (Tethys)

● Vulkanismus

(nach Papp, 1959, Brinkmann, 1969, ergänzt durch Gehl)

Großräumige Verbreitung von Land und Meer während des Alt-Tertiärs in Europa

Wenn Steine reden könnten – Ein erdgeschichtlicher Abriß

Die Entstehung der Alpen ist ein räumlich wie zeitlich so komplexer Vorgang, daß Ausführungen über die Geologie dieses Gebirges Bände füllen müßten. Wenn wir uns im folgenden ein wenig in dieses faszinierende Kapitel vertiefen wollen, dann mit dem Bewußtsein, hier nur Grundstrukturen vermittelt zu bekommen.

Der Bau der Alpen geht bis in das Erdaltertum zurück, als ein Vorgängergebirge aus kristallinen Schiefern und anderen Tiefengesteinen, dessen Strukturen in den zentralen Zonen der Alpen heute wieder entblößt sind, entstand und als sogenannter „Vindelizischer Rücken" bis in das Erdmittelalter erhalten blieb. Dieses Gebirge sank während des Erdmittelalters, also vor 100–230 Millionen Jahren vor der Jetztzeit, immer tiefer ab, ein Urmeer, die sogenannte „Tethys", überflutete es. Die Tethys gliederte sich in drei tiefere Tröge, die voneinander durch flache Schwellen getrennt waren. Die Ablagerungen des Meeres weisen dementsprechend auch sehr verschiedenartige Erscheinungsbilder (die Geologen sprechen von unterschiedlicher Fazies) auf.
Da sich der Meeresboden ständig senkte, gerieten diese Sedimente bald unter größeren Druck und verfestigten sich zu Kalkstein und Tonschiefern. Ablagerungen dieser Zeit sind vor allem der bis zu 400 m mächtige Hauptdolomit aus der Triaszeit (205–230 Millionen Jahre vor der Jetztzeit). Aufgrund seiner Homogenität und seiner relativen Härte bildet dieses Gestein alle Hauptgipfel der Allgäuer Kette. Die unter den Gipfeln oft scharf abgesetzten, sanfteren, grünen Hänge werden oft aus dem Hauptsediment der Jurazeit gebildet, dem Allgäuer Fleckenmergel oder „Allgäuschiefer". Aus dieser Zeitspanne sollten noch erwähnt werden der Buntsandstein-Schubfetzen unter dem Iselergipfel sowie die Kössener Schichten, die dem Wanderer ebenfalls am Iseler-Nordhang begegnen.
In der Kreidezeit, vor 70–140 Millionen Jahren, wurde der Druck im Tethystrog, vor allem von den Seiten her, immer stärker. Um dies zu verstehen, muß man sich vorstellen, daß die großen Kontinente wie Schollen in einer zähflüssigen Magmamasse schwimmen und sich die afrikanische Scholle und der eurasische Block in der Kreidezeit so angenähert hatten, daß sie aneinander zu stoßen drohten. Die Pufferzone zwischen beiden Blöcken bildete das Tethysmeer, dessen Meeresgrund sich nun langsam zu heben begann. Das marine Sediment Flysch, wie auch die vulkanischen Gesteine um den Jochpaß (Tour 5, Seite 107 ff.) zeugen von dieser geologischen Situation.
Die vordem waagerecht abgelagerten Sedimentschichten wurden nun vielfach gefaltet und schließlich im Tertiär (vor 25–70 Millionen Jahren) ganz über den

Meeresspiegel emporgehoben. Dabei bildeten sich, einem durch die Mangel gedrehten Bettlaken gleich, riesige Wülste, die nun als Falten oder Überschiebungsdecken über zum Teil jüngere Gesteine geschoben wurden.
Nach der ersten Hebungsphase hatten die Alpen jedoch mit Höhen um die 1000 m nur Mittelgebirgs-Charakter und wurden unter den damals herrschenden Abtragungsverhältnissen (sie unterlagen im Tertiär wechselfeucht-tropischem Klima) sehr rasch abgetragen, wobei große Ebenheiten entstanden, die heute als sogenannte Raxlandschaft noch teilweise erhalten sind. Auch im Oberallgäu finden sich noch solche Flächenreste: unter der Daumengruppe im Koblat und südlich von Lachen-und Steinkarspitze. Das abgetragene Material wurde in den Randtiefen abgelagert und bildet dort heute das Material der Molassehöhen am Rand der Alpen. Die weitere Hebung der Alpen und ihre Aufwölbung zum Hochgebirge reichte bis in die Eiszeiten hinein. Neuere Erkenntnisse gehen sogar davon aus, daß die Hebung bis heute nicht abgeschlossen ist und die Alpen bei gleichbleibender Abtragungsgeschwindigkeit noch weitere 2000–3000 m höher werden könnten.
Die Herausformung des heute vorhandenen Reliefs mit den scharfen Graten, steilen Wänden, breiten Tälern und herabstürzenden Wasserfällen, wurde aber erst durch das Eis geschaffen (vgl. Seite 15 – Geländeformen der Alpen).

Das Hindelang-Oberjocher Gebiet erweist sich in geologischer Hinsicht als besonders interessant. Es gehört zu einer der großen Decken der Alpen, genauer zur Lechtal-Teildecke. Stellt man sich diese Decke während ihres Ausgleitens am Rande vor, so ist einsichtig, daß sie dabei aufgrund der Reibung am Untergrund zunächst wieder Falten bildete, die dann jeweils an der Nordflanke zerbrachen und die nördlich von ihnen liegende Mulde überschoben. Dabei ergab sich der für unser Gebiet so typische flache Dachziegelbau. Er ist besonders deutlich zu erkennen im Vergleich von Jochschrofen und Iseler. Beide Berggrate werden aus dem gleichen Gestein (Hauptdolomit) gebildet, wobei augenfällig ist, daß beide Gesteinspakete

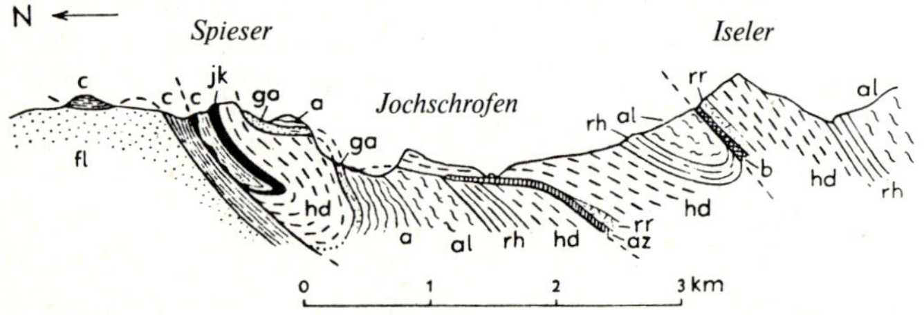

fl = Flysch *al = Allgäuschichten* *b = Buntsandstein*
c = Oberalp *rh = Rhätkalk*
ga = Gault (Oberalp) *hd = Hauptdolomit*
a = Aptychenschichten *rr = Raibler Rauchwack*
jk = Jura in Kalkfazies *az = Arosazone*

(nach RICHTER 1966, verändert)

Der Schuppenbau der Allgäuer Alpen am Profil Spieser–Iseler

nach Süden einfallen. Daß dennoch der Hauptdolomit auf vergleichbarem Höhenniveau auftritt, ist nur dadurch zu erklären, daß die Iselerschuppe auf die Jochschrofenschuppe aufgeschoben wurde. Wir kennen auch die genaue Länge der Überschiebung: sie beträgt 4 Kilometer!

Seit Ende 1984 hat Hindelang für alle geologisch Interessierten eine weitere Sehenswürdigkeit zu bieten. Am 9. November 1984 wurde im Ostrachtal, oberhalb von Bad Oberdorf, nach zehnjähriger vorbereitender Forschungsarbeit mit der Tiefenbohrung „Hindelang I" begonnen. Diese Aufschlußbohrung soll unter den überschobenen Decken der Alpen, Gesteine der geologischen Formationen des Tertiärs, der Kreide und des Jura auf ihre Erdgasführung untersuchen. Dabei ist für „Hindelang I" eine Endteufe von 7000 m geplant. Das Bohrloch wird das tiefste des Allgäus werden. Bis es abgeteuft ist, hat es 50 Millionen DM verschlungen (1986). Daß sich diese Kosten lohnen könnten, haben zuvor geophysikalische Messungen, vor allem auf seismischer Basis, ergeben. Erdgas tritt unter Tage in porösen Gesteinen (sog. Speichergestein) auf und sammelt sich z. B. in Aufwölbungen oder an Verwerfungen (sog. Erdgasfallen), wenn diese zur Erdoberfläche hin durch eine undurchlässige Schicht abgedichtet sind. Die Abbildung zeigt stark schematisiert die vermutete Struktur unter dem Ostrachtal.
Oberflächlich ist davon nichts zu sehen. Der Bohrplatz ist ca. 70x108 m groß und wird umgeben vom Camp der Bohrarbeiter und den Maschinen. Der aufgerichtete Bohrturm hat eine Höhe von fast 57 m. Nach erfolgreicher Beendigung der Arbeiten wird jedoch nur eine vergleichsweise kleine Abpump- und Abfüllanlage übrigbleiben. An der Oberfläche beträgt der Bohrloch-Durchmesser 71 cm, bei Endteufe sind es noch 15 cm. Die Kapazität der Bohranlage beträgt 8000 m. Erlaubnisinhaber und Bohrunternehmer ist die Preussag bzw. deren Tochterfirma, die Gewerkschaft Florentine I.

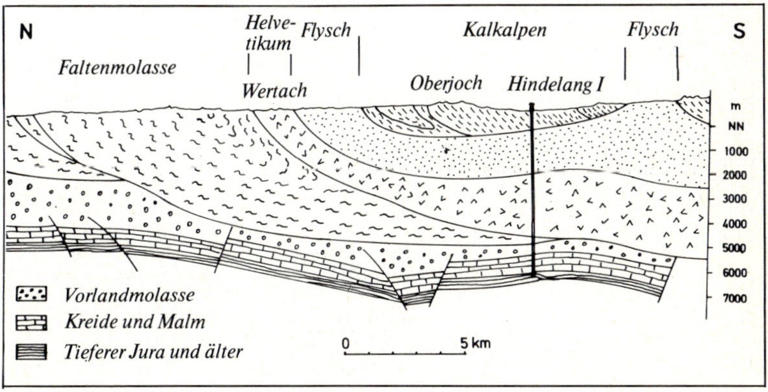

Schematisches geologisches Profil im Bereich des Bohrprojektes „Hindelang I"

Foto: Borsdorf

Der Bohrturm der Gewerkschaft Florentine I im Ostrachtal

Hohe Berge, tiefe Täler – Geländeformen der Alpen

Die Geländeformen der Alpen lassen sich nur aus der Wechselwirkung von Struktur- und Skulpturkräften verstehen. Im Geologiekapitel (Seite 11 ff.) haben wir eine Seite kennengelernt: die Struktur der Alpen ist demnach ein Ergebnis der Kräfte des Erdinneren und der Verschiedenartigkeit der anstehenden Gesteine. Welche Kräfte waren und sind nun an der Herausmodulierung der gegenwärtigen Skulptur des Gebirges beteiligt?

Viele Kräfte sehen wir heute noch wirken. Weite Felsschutthänge zeugen von der Stärke und dem Ausmaß physikalischer Verwitterungsvorgänge. Wasser, das in Gesteinsklüfte eindringt, nimmt beim Gefrieren an Volumen zu und bewirkt somit die langsame Zertrümmerung der Felswände. Gerade der häufige Frostwechsel in den hohen Gebirgsteilen trägt bei der hier fehlenden schützenden Vegetationsdecke sehr zur Beschleunigung dieses Vorganges bei. Die Höhenstufe unterhalb der Gipfelzone der Alpen wird demnach zu Recht auch als Felsschuttgürtel bezeichnet.

Die Alpen würden in ihrem eigenen Schutt ertrinken, wenn nicht gleichzeitig andere Kräfte unermüdlich für den Abtransport der Gesteinstrümmer sorgen würden. Dieser Abtrag wird durch die Steilheit des Reliefs wesentlich begünstigt. Infolge der Schwerkraftwirkung sammelt sich der Schutt unter den von Steinschlagrinnen zerfurchten Wänden in großen Halden an. Hier wirken vor allem die Vorgänge der Solifluktion (Bodenfließen) und die Arbeitsleistung von Wildbächen und Muren für den weiteren Abtransport.

Die Bodenbewegung tritt uns besonders deutlich in den Hangstaffeln der Almwiesen vor Augen. Durchfeuchtete Partien des Oberbodens geraten auf dem anstehenden Felsen ins Rutschen und bilden wellenförmige Hanggirlanden.

Wildbäche mit ihrer zerstörerischen Wirkung sind rund um die Jochstraße vielfach zu beobachten. Aufgrund des großen Gefälles besitzen sie eine hohe Fließgeschwindigkeit, damit eine große Transportkraft und können somit auch große Gesteinsbrocken mühelos bewegen. Diese aber bilden die Erosionswaffen der Bäche und verlegen die Bachläufe immer tiefer in den Fels hinein (rückschreitende Erosion). Auf diese Weise werden Wasserfälle zu Klammen umgestaltet. Um die Erosionskraft zu hemmen, mußte der Mensch vielfach eingreifen – an der Jochstraße hat das Wasserwirtschaftsamt Kempten gleich beide Wildbäche künstlich verbaut.

Starke Regen führen bei entsprechender Böschungs-, Gesteins- und Vegetationsverhältnissen zum Abgang von Muren. Derartige Unwetter können innerhalb

Foto: Borsdorf

Wildbachverbauung im Hintersteiner Tal

weniger Stunden einen Abfluß bewirken, der der Niederschlagsmenge eines gesamten Monats entspricht. In einem solchen Wasser-Schutt-Gemisch können dann sogar Blöcke bis zu 20 t Gewicht transportiert werden, dies erklärt Katastrophen wie die an der Heidachrinne, am Hintersteiner Bergrutsch oder die einstige Verplombung des Retterschwangtales (Tour 9, Seite 137).
Die großen Alpenflüsse verrichten neben ihrer eigenen Erosionstätigkeit die letzte Etappe der Transportarbeit. Sie müssen immer noch die Gefälleunterschiede der einstmals vom Gletscher geformten Talböden ausgleichen und zerschneiden die einstigen Gefällstufen. An diesen Stellen ist die Fließgeschwindigkeit und damit ihre Transportkraft besonders hoch. Das mitgeführte Schottermaterial wird immer wieder in den vom Gletscher übertieften Talweitungen abgelagert. Diese Flachstellen werden daher häufig von breiten Schotterflächen gekennzeichnet, auf denen der Fluß als häufig verzweigter, relativ kleiner Wasserlauf hin und her pendelt und ständig sein Bett wechselt. Nur zur Schneeschmelze erfüllt der Fluß größere Teile seines Bettes. Derartige „Torrenten" sind immer ein Kennzeichen saisonal unterschiedlicher Wasserführung.
Trotz gewaltiger Schuttmassen, die auch heute noch Jahr für Jahr abgesprengt und abtransportiert werden, kam die Herausmodellierung der Alpenstruktur durch diese jetztzeitlichen Vorgänge nur zum kleinen Teil erklärt werden. Zum größeren Teil beruht die Gestalt des Gebirges nämlich nicht auf der bildhauerischen Wirkung der gegenwärtigen Verwitterung und Abtragung, sondern auf einer klimatisch anderen Epoche: den Eiszeiten.
Wissenschaftlich wird diese Zeit auch als Pleistozän bezeichnet. Es begann vor etwa 1,5 Millionen Jahren mit einer starken Temperaturabsenkung. Im Vergleich zu der heute herrschenden Durchschnittstemperatur allerdings erscheint die Differenz relativ gering, sie betrug nur 4–5 °C. Immerhin hatte diese Temperatursenkung zur Folge, daß der im Winter als Schnee fallende Niederschlag im Hochgebirge nicht mehr abschmolz und in Form von Eisströmen bis weit in das Alpenvorland hinabfloß.
400 m lag während der Kaltzeiten die Eisdecke auf dem Talboden von Oberjoch auf, 750 m betrug damals die Eismächtigkeit im Ostrachtal bei Bad Oberdorf. Imberger Horn, Spieser und Jochschrofen ragten damals nur als kleine Felsinseln über das Meer aus Eis und Schnee auf.
Der ungeheuere Druck, der auf dem Untergrund lastete, das mitgeführte Gesteinsmaterial und Gletscherwasser, das am Boden des Gletschers immer wieder in Gesteinsfugen eindrang und gefror, sorgten dafür, daß die einst sanften Muldentäler des tertiären Mittelgebirges gewaltig übertieft wurden. Hierbei schälte sich nun als Eigentümlichkeit glazial geformter Täler ein Querprofil heraus, das diesen Talungen später den Namen U-Tal oder Trogtal gab. In reiner Form ist dieses Profil etwa im Taufersbachtal beim Anstieg zum Schrecksee (Tour 11, Seite 147) erhalten
Ebenso eigentümlich ist das Längsprofil glazial ausgeprägter Täler. Eis kann nämlich im Gegensatz zu Wasser auch bergan fließen und somit kleinere Hindernisse im Gletscherbett leicht überwinden. Zwar stellt man sich das Abfließen des Gletschers einer zähflüssigen Masse vergleichbar vor, doch verhält sich diese Masse physikalisch wie aus großen Blöcken bestehend. Ist daher ein Hindernis (denkbar

Präglaziales Relief

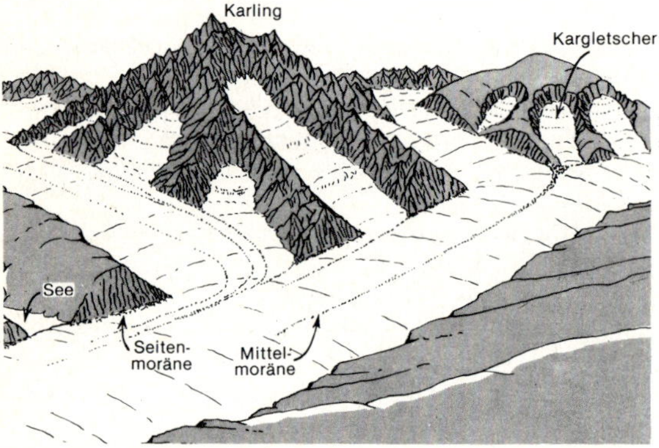

Postglaziales Relief

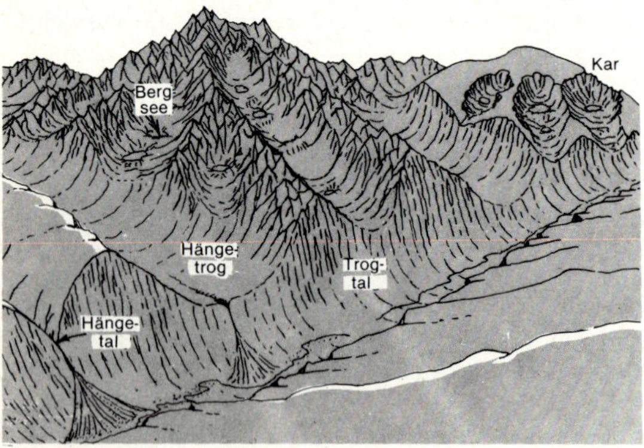

Glaziales Relief

Reliefgestaltung durch Vergletscherung

z. B. ein quer zum Tal verlaufendes hartes Gestein wie der Hauptdolomitriegel an der Eisenbreche im Hintersteiner Tal) erst einmal überflossen – die Eisblöcke stauen sich dabei und bilden einen auch oberflächlich weit aufragenden Stau – drücken die Eismassen um so stärker auf den nächstniedrigeren Punkt und kolken das Gebiet hinter dem Hindernis kesselförmig aus. Das Längsprofil eines vom Gletscher überformten Tales gleicht damit einer abfallenden Wellenbewegung. Das Hintersteiner Tal könnte in dieser Hinsicht in ein Lehrbuch Eingang finden, hier lösen sich immer wieder Steilstufen mit fließenden Passagen ab.
Nicht allein im Quer- und Längsprofil läßt sich ein glazial überformtes Tal erkennen. Eigentümlich ist auch, daß Nebentäler nicht auf gleichen Niveaus in das Haupttal einmünden, wie wir es von unseren fluviatil geformten Tälern kennen. In den Alpen dagegen münden die Nebentäler immer mit einer Stufe ein, die vom Nebenfluß entweder durch Wasserfälle überwunden wird oder in die sich der einmündende Bach eine tiefe Klamm geschnitten hat. Wir bezeichnen diese Einmündungen als „Hängetäler", weil das Tal des Nebenflusses gleichsam über dem Haupttal zu hängen scheint. Zu erklären ist diese Erscheinung u. a. durch die unterschiedliche Eislast, die Haupt- und Nebengletscher besaßen und die daher zu sehr unterschiedlichen Vertiefungen geführt hat.
Bifurkationen (Talgabelungen) – im fluviatil gestalteten Relief außerordentlich selten – bestimmen geradezu das Bild der Gletscher, deren Eismassen, oft als Eisstromnetz ausgebildet, von einem System ins andere gelangen konnten. So auch am Oberjoch, dessen Gletscher seine Eismassen sowohl in den Ostrach- und Illergletscher wie auch in den Vils- und Lechgletscher entsendete. Somit ist das Oberjoch morphogenetisch als Transfluenzpaß zu deuten.
Nicht alle Berge ragten wie Iseler, Jochschrofen und Imberger Horn einstmals aus dem Eis heraus. Andere, so der Hotzenberg vor Unterjoch, wurden gänzlich überflossen und so zugerundet, daß man sie heute als Rundhöcker bezeichnet. Rundhöcker sind auch in kleinerem Ausmaß immer wieder im glazial geformten Relief zu beobachten, so ist etwa die Schreckseeinsel ebenfalls ein derartiger Rundhöcker. An den aus dem Eis herausragenden Felsen – wir bezeichnen derartige Felsberge mit einem grönländischen Wort auch als „Nunatakker" – war die physikalische Verwitterung besonders stark. Mit jedem Herauslugen der Sonne erwärmte sich der im Vergleich zur blendenden Gletscheroberfläche „schwarze" Fels und taute das Wasser in seinen Fugen, um beim Verschwinden der Sonne gleich wieder zu gefrieren. An der „Schwarz-Weiß-Grenze" unterlag daher das Gestein besonders starker Verwitterung und Abtragung. Auf diese Erscheinung geht die Steilheit des Alpenreliefs zurück. Wenn nun der Fels von beiden Seiten angenagt wurde, haben sich scharfe Grate ausgebildet.
Über den Talgletschermassen lagen in einstigen Quellmulden Firnflecken, die allmählich anwuchsen. Auch sie verursachten jene aktive Frostverwitterung an der Felsseite, so daß diese zugeschärft wurde. Der Druck einer solchen Eismulde konzentrierte sich an einem Punkt, der besonders übertieft wurde, so daß letztlich eine Felsschwelle talwärts entstand. Die heute sichtbare lehnsesselartige Form bezeichnen wir als „Kar", die Rückwand als Karwand, im Karboden ist dann häufig ein Karsee erhalten, der von der Karschwelle zum Tal hin abgeriegelt wird.

Die Vergletscherung hatte aber in den Alpen nicht nur abtragende Wirkung. Das im Gipfelbereich gelöste Material transportierten die Gletscher und lagerten es unterhalb der eiszeitlichen Schneegrenze als Moränen wieder ab. Hier treten Seitenmoränen am Rande der Gletscherzunge aus. Gewaltige Seitenmoränen sind bis heute auf der Nordseite des Iseler erhalten und belegen, daß das Oberjoch unterhalb der eiszeitlichen Schneegrenze lag. Am Grund des Gletschers wurde die Grundmoräne abgelagert, die wir heute an vielen Stellen im Ostrachtal aufgeschlossen finden. In ungeordneter Folge sehen wir hier zugerundetes Gesteinsmaterial unterschiedlicher Größe, dessen petrographische Zusammensetzung die Herkunft und daher die Fließrichtung des Gletschers verrät. Aus diesem Material bestehen auch die Drumlins im Alpenvorland – sehr schön nördlich von Weißensee und Hopfensee zu sehen – walfischrückenartige Erhebungen, die der Gletscher bei mehrmaligem Überfahren seiner eigenen Moräne schuf. Schließlich seien noch die Endmoränenzüge in Oberschwaben genannt, die jeder Alpentourist aus dem Norden durchqueren muß.

Abschließend sei noch auf eine morphologische Kleinform hingewiesen, die im Gelände um den Jochpaß besonders stark verbreitet ist. Gemeint sind die alpinen Buckelwiesen, zu beobachten beim Aufstieg zum Iseler oder am Ortsende von Hinterstein (Tour 8, Seite 126).
Die Entstehung dieser Buckelwiesen ist bis heute noch nicht restlos geklärt. Häufig wird die Ansicht vertreten, die buckeligen Wiesenfluren seien das Ergebnis von Karstvorgängen unter ehemaliger Waldbedeckung. Dabei wurde das Niederschlagswasser vor allem auf den Boden unter dem Kronentrauf der Bäume geleitet. Dort konnte die Korrasion, d. h. die chemische Lösung des anstehenden kalkhaltigen Untergrundes, am ehesten vonstatten gehen, während der Boden unter der Krone geschützt blieb. Nach der Rodung blieben Erhebungen (Buckel) an den Standorten der Bäume zurück, während die Zwischenräume zu Vertiefungen ausgebildet waren.
Neuere Ergebnisse lassen jedoch auch eine andere Deutung der Buckelfluren zu. Sie gehen von der Beobachtung aus, daß sich das bucklige Kleinrelief vor allem in Höhenlagen von 850–1000 m findet und damit in einem Gebiet, das sich im Übergangsbereich der Kaltzeiten zur Jetztzeit oberhalb der Wald-, aber unterhalb der Schneegrenze befand. Sie könnten damit das Ergebnis periglazialer Vertikal- und Würgebewegungen des gefrierenden Bodens sein, die im einzelnen für den Laien zur schwer nachzuvollziehen sind.

Nicht nur Regen und Sonnenschein – Vom Wetter im Hochgebirge

In kaum einem anderen Landschaftstyp als dem Hochgebirge kann das Wettergeschehen für den Aufenthalt im Freien so bedeutsam sein, im negativen Sinne sogar lebensbedrohende Bedeutung gewinnen. Der alte Spruch bei Wanderern, es gäbe kein schlechtes Wetter, lediglich unangemessene Kleidung, ist nur teilweise richtig: ein unverhofft aufkommendes Gewitter, eine nicht beachtete, herannahende Kaltfront, die einen Wetter- oder besser gesagt Temperatursturz nach sich führt, kann zu bedrohlichen Situationen im Gebirge führen. Leider lassen sich immer wieder Zeitungsmeldungen registrieren, die von tragischen Geschehnissen berichten, die in solchen Umständen ihre Ursachen haben.

Es sind zwei Momente, die vorrangig das Witterungsgeschehen im Hochgebirge von dem im „Flachland" unterscheiden: die Höhe sowie der Gebirgskörper als Barriere oder Hindernis für die Luftmassen. Diese beiden Umstände bestimmen hauptsächlich Temperatur und Niederschlag, insgesamt das Wetter. Studiert man die langjährigen Aufzeichnungen der Klimastationen der weiteren Umgebung unseres Exkursionsführers, so muß vorab für die Bewertung der mitgeteilten Daten gesagt werden, daß es sich hierbei eben um Mittelwerte handelt. Eine zusammenhängende dreiwöchige „Schlechtwetter-Phase" wie z. B. im Frühsommer (Juni/Juli) 1980 wird solche langjährigen Durchschnittswerte kaum verändern, der davon betroffene Urlauber zweifelt jedoch an den meteorologischen Aussagen. Die langjährigen Klimabeobachtungen lassen lediglich Wahrscheinlichkeitsprognosen über das Witterungsgeschehen zu, da es durchaus feuchte Monate und relativ „trockene" Monate im langjährigen Mittel gibt.

Zunächst soll der Temperaturverlauf kurz geschildert werden. Von Oberjoch liegen keine amtlichen Temperaturmessungen vor. Die nächstgelegene Station ist Oberstdorf, das rund 300 m tiefer im Illertal liegt. Insgesamt sind jedoch durchaus Vergleiche möglich. Die allgemein zu beobachtende Erscheinung, daß die Temperatur mit zunehmender Höhe abnimmt, läßt für Oberjoch – ausgehend von der Temperatur von Oberstdorf von + 6,7 °C im langjährigen Jahresmittel – eine Jahresmitteltemperatur von + 5,0 bis 5,5 °C erwarten.

Von den Temperaturwerten des Edmund-Probst-Hauses auf dem Nebelhorn läßt sich außerdem auf die Temperaturverhältnisse auf dem Gipfel des Oberjocher „Hausberges" Iseler (1876 m) schließen.

Jeder, der mit dem Sessellift zum Iseler hinauffährt, kann in der Regel die Temperaturabnahme fühlen.

Für den Touristen ist das Temperaturgeschehen im Winter bedeutsamer als im Sommer. Das verhältnismäßig kühle Klima Oberjochs begünstigt nämlich eine

Durchschnittliche mittlere Tagestemperaturen (1931–1960)

Ort	Höhe	J	F	M	A	M	J	J	A	S	O	N	D	Jahr
Oberstdorf (1)	813	–3,2	–1,8	2,4	6,4	10,6	13,9	15,8	15,3	12,7	7,5	2,5	–1,9	6,7
Oberstdorf (2)	810	–3,4	–2,3	1,4	5,6	10,2	13,6	15,3	14,5	11,7	6,6	1,8	–2,2	6,1
Nebelhornhaus (1)	1930	–5,2	–5,0	–2,2	0,4	4,0	7,2	9,3	9,0	7,3	3,7	–0,3	–3,2	2,1
Tübingen	370	–0,9	–0,3	4,3	8,4	12,7	16,0	17,8	17,1	13,9	8,6	4,0	0,1	8,3

(Quelle: (1) FLIRI, F. 1975. (2) SCHIRMER, H.: Langjährige Monats- und Jahresmittel der Lufttemperatur und des Niederschlags in der Bundesrepublik Deutschland für die Periode 1931–1960. Ber. d. Dt. Wetterdienstes Nr. 115, Offenbach 1969.)

lang liegende Schneedecke, was dem Wintersport zugute kommt. Andererseits ist dieser Umstand auch für die kurze Vegetationsperiode von rund 180 Tagen verantwortlich. Als Vergleich sei Tübingen genannt: 220 Tage. Der Bergwanderer schätzt es im Sommer, wenn die Temperaturen in den Höhenlagen nicht so hoch liegen wie im Tal. Zudem ist die relative Feuchtigkeit in der Höhe geringer, so daß das Schwüleempfinden doch seltener auftritt als in den Tallagen. Ein Vergleich der Monatsmaxima und -minima von Oberstdorf und dem Edmund-Probst-Haus auf dem Nebelhorn weist für Oberstdorf mit 19,0 °C gegenüber 14,5 °C der Nebelhornstation eine wesentlich größere Spannweite (Amplitude) auf. Dies zeigt, daß die Gipfelregionen in viel stärkerem Maße als die Tallagen maritime, relativ ausgeglichene Züge aufweisen.

Durchschnittliche monatliche Niederschlagsmengen (1931–1960)

Ort	Höhe	J	F	M	A	M	J	J	A	S	O	N	D	Summe
Oberjoch	1139	109	97	101	112	171	241	268	233	181	129	97	80	1819
Bad Oberdorf	853	114	104	103	109	165	230	252	215	167	120	100	88	1767
Hinterstein	828	121	105	104	115	168	242	270	230	184	125	108	91	1863
Ob. Ostrachtal	900	148	133	127	128	168	240	277	233	294	143	129	112	2032
Nebelhornhaus	1930	184	168	141	154	213	282	320	283	231	157	137	129	2399
Tübingen (1950–1961)	370	47	47	31	48	73	94	87	92	73	50	47	42	730

(Quelle: FLIRI, F. 1975: Landkreisbeschreibung Tübingen 1977)

Das Niederschlagsgeschehen ist für den sich doch überwiegend im Freien aufhaltenden Urlauber meist doch noch wichtiger als die Temperatur. Der Bereich der Allgäuer Berge gehört zu den niederschlagreichsten der ganzen Alpen. In den Gipfelregionen werden mitunter über 3 000 mm Niederschlag pro Jahr gemessen (so z. B. auf der Kemptener Hütte bei Oberstdorf). Anders ausgedrückt: auf jeden Quadratmeter des Bodens kommen in einem Jahr 3 000 l Wasser bzw. geschmolzener Schnee! In Oberjoch beträgt das langjährige Mittel der Niederschlagssummen 1819 mm. Dies ist mehr als doppelt soviel wie etwa der Tübinger Raum zu verzeichnen hat. Die jährliche Niederschlagssumme verteilt sich aber sehr ungleichmäßig

Foto: Borsdorf

Hut und Brause: Sonnenschutz äußerlich und innerlich

auf die einzelnen Monate. So ist es für den Urlauber nicht erfreulich zu hören, daß die Monate Juni, Juli und August die niederschlagreichsten des Jahres sind. Dies bedeutet nicht, daß es etwa jeden Tag regnet, sondern daß eventuelle Niederschläge in dieser Zeit oft sehr ergiebig sind, so wie man es im Gefolge von Gewittern gewohnt ist. Dabei können gelegentlich schon auch mehr als 100 mm in einer einzigen Stunde niedergehen und die Gebirgsbäche aus kleinen Rinnsalen in reißende, wasserreiche und bedrohliche Flüsse verwandeln.

Der Wintersportler, Abfahrer wie Langläufer, interessiert sich natürlich vorrangig für die Schneeverhältnisse. Aus der Tabelle ist zu ersehen, daß für die Monate Dezember bis März so gut wie sicher mit einer Schneedecke zu rechnen ist. Die Mächtigkeit der Schneedecke schwankt nach diesen Beobachtungen zwischen rund 30 cm und 1 m. Dem Wintersportler bieten sich damit gute Voraussetzungen.

Dauer der Mächtigkeit der Schneedecke (1930–1960)

Ort	Höhe		O	N	D	J	F	M	A	M	Winter
Oberjoch	1139	a)	23	70	97	100	100	100	60	10	160
		b)	5	16	33	67	93	83	28	1	41
		c)	80	90	110	115	185	190	120	10	190
Bad Oberdorf	853	a)	3	37	80	97	100	67	20	7	119
		b)	0	5	15	35	45	25	2	2	16
		c)	5	40	75	95	115	95	25	5	115

(Quelle: FLIRI, F. 1975)

Die Windverhältnisse gestalten sich in Abhängigkeit von der Großwetterlage. Im jahreszeitlichen Verlauf überwiegen Winde aus westlichen Reichtungen (SW bis NW). Die Windrichtung kann dabei durch geographische Gegebenheiten wie die Verlaufsrichtung von Bergkämmen verändert werden. Bei ruhigem Strahlungswetter (Hochdruckeinfluß) vermögen sich auch Tageswinde auszuprägen. Der wichtigste von ihnen ist als Berg- und Talwind bekannt. Die oberen Hangbereiche der Berge erfahren im Tagesverlauf eine frühere Sonneneinstrahlung und damit auch Erwärmung als die unteren Bereiche bzw. die Tallagen. Infolge der dadurch bewirkten kleinräumigen Luftdruckdifferenzen kommt in den Vormittagsstunden ein bergauf wehender Wind in Gang, der nicht selten durch kleine, weiße Haufenwolken über den Gipfeln und Kämmen zu erkennen ist. Diese „Schönwetter"-

Föhnhäufigkeit im Allgäu (1937–1952)

	J	F	M	A	M	J	J	A	S	O	N	D	Jahr
Mittlere Zahl der Föhntage	2,6	1,8	1,9	2,1	1,5	0,2	0,5	0,8	0,5	1,6	2,2	2,9	18,6
Mittl. monatl. Föhndauer	10,7	9,6	11,5	14,2	9,6	0,7	2,8	2,4	1,6	7,9	6,9	12,0	89,9
Mittl. Föhndauer in Std. pro Föhntag	4,2	5,3	5,9	6,9	6,6	3,3	6,0	3,0	3,3	5,0	3,2	4,1	4,8

(Quelle: OBENLAND, E.: Untersuchung zur Föhnstatistik des Oberallgäus. Ber. d. Dt. Wetterd., Nr. 23, Bd. 4, Bad Kissingen 1956.

Farbabbildung rechts: Wolken über dem Bschießer (1999 m)

Foto: Kaufmann

Wölkchen bilden den sichtbaren Abschluß dieser vertikalen thermischen Luftbewegung. Segelflieger, aber auch die am Berg Iseler vor allem in den Sommer- und Herbstmonaten häufig zu beobachtenden Drachenflieger, nutzen diese tagesperiodischen Aufwinde. In den Nachmittagstunden kehrt sich die kleinräumige Zirkulation um, nun weht der Wind, auch die Nacht hindurch, talwärts, und versorgt so die Tallagen mit frischer, kühlerer Luft.

Besonders anzuführen sind noch die Föhnwinde, die sich meist unangenehm bemerkbar machen. Der Südföhn, d. h. der aus südlichen Richtungen einfallende Föhn, ist im Nordalpenbereich ohne Frage bedeutsamer als der Nordföhn, der sich entsprechend auf der Südalpenseite bemerkbar macht. Die Erklärung der Entstehung des Föhn ist doch schwieriger als man lange Zeit annahm (FLIRI 1975). Auf sie soll hier deshalb verzichtet werden. Markant sind, besonders bei starken Föhnen, die Begleiterscheinungen. Der Föhn kann durchaus Sturmstärke erreichen. Durch seine Böigkeit ist er bei Landwirten und Touristen gleichermaßen unbeliebt. Bei den Landwirten, weil er wegen seiner Trockenheit und der damit verbundenen gesteigerten Verdunstung die Äcker schnell austrocknet, im Bergwald zu einer Gefahr für Flachwurzler und Solitäre werden kann und ehemals durch vermehrten Funkenflug eine beträchtliche Steigerung der Brandgefahr darstellte. Die Wintersportler fürchten den Föhn als „Schneefresser", der die Schneedecke viel schneller reduzieren oder gar beseitigen kann als die Sonneneinstrahlung selbst.
Insgesamt schlagen sich aber neben der Temperatur, der Luftfeuchtigkeit (Niederschlag) und dem Wind noch andere Faktoren im Empfinden der Menschen nieder und bewirken so unterschiedliche Behaglichkeitszustände. Das Hochgebirgsklima ist, verwandt dem Seeklima, aber in teilweise anderer Ausprägung, ein Reizklima. Durch die gegenüber dem Tiefland veränderten bioklimatischen Einflußgrößen treten ab etwa 1 000 m Höhe im Körper schon erste Reaktionen auf. Verschiedene Begleitumstände seien lediglich noch stichwortartig angedeutet: geringere Nebelhäufigkeit (z. B. bei winterlichen Kaltluftseen im Ostrachtal), damit einhergehend höherer Strahlungsgenuß und höhere Strahlungsintensität sowie seltenere Schwüleverhältnisse als in den Tallagen usw.

Was blüht den da? – Über Pflanzen und Pflanzengesellschaften in den Allgäuer Bergen

Es gibt wohl kaum einen Bergwanderer, der von der farbigen Pracht der Alpenflora unbeeindruckt bleibt. Die Farben- und Formenfülle der Bergwiesen und die bunten Tupfer in der Felsenwüste der Gipfelregionen öffnen das Herz jedes Besuchers. Doch bleibt heute bei aller Bewunderung auch diese Freude nicht ungetrübt, denn die Alpenflora ist in einem Ausmaß bedroht wie noch nie in ihrer vieltausendjährigen Geschichte. Skipisten, pflück- und ausgrabfreudige Blumen-„freunde", undisziplinierte, vom Weg abstreifende Bergwanderer, Autoabgase und die aus fernen Industriegebieten heranwehende giftige Luft, bzw. der sauere Regen, haben schon viele Pflanzen aussterben lassen und andere in Existenznot gebracht. Am augenfälligsten wird dies im Bergwald, wo wir seit Jahren Zeugen eines immer rascher zunehmenden Verfalls werden. Was mit dem Vergilben der sonnseitigen Nadeln anfängt, sich im lamettaartigen, schlaffen Herunterhängen der Zweige fortsetzt, führt zum Verkahlen der Wipfel und schließlich zum Tod der Bäume.

Der heutige Überlebenskampf vieler Pflanzenarten in den Alpen gewinnt eine tragische Qualität, wenn man bedenkt, welche Wege die einzelnen Spezies zurückgelegt haben, um hier ein Refugium zu finden, und welche Anpassungsleistungen an ihre neue Umwelt und die sich dort verändernden Klimabedingungen sie im Laufe ihrer Entwicklung vollbringen mußten.

Als die Alpen vor etwa 50 Millionen Jahren entstanden, siedelten sich viele Pflanzen aus den umliegenden Gebirgen (Balkan, Karpaten, Apenninen, Pyrenäen) an, viele aber legten auch den weiten Weg vom Altaigebirge zurück. Die dortige Vegetation war schon damals steppenartig und an Temperaturextreme, Trockenheit, Wind und Sonneneinstrahlung angepaßt. Vom Altai stammen die Alpenrose, der Enzian, die Primel und der Eisenhut, die Edelraute und die Akelei. Aus dem mediterranen Raum dagegen wanderten Krokus und Narzisse, Glockenblume und Wundklee cin. Arnika und Bärentraube schließlich stammen aus Amerika und fanden ihren Weg durch ganz Asien bis in die Alpen.

Die Eiszeiten brachen in diese reiche Flora wie eine gewaltige Naturkatastrophe ein. Wämeliebende Pflanzen mußten sich anpassen oder starben aus, neue Arten aus der Arktis, aus Sibirien und dem Altai besiedelten die eisfrei gebliebenen Geländeteile: aus der Arktis der Himmelsherold, der Allermannsharnisch (auch Gelber Eisenhut) aus dem Altai und das Edelweiß aus Sibirien.

Temperatur und Strahlungsverhältnisse, Niederschläge, Wind und Boden bilden die wichtigsten ökologischen Bestimmungsfaktoren der Vegetation. Die Zunahme der Helligkeit und des Anteils an ultravioletten Lichts in den Höhenregionen führt

zu einer besonders intensiv leuchtenden Blütenfarbe, aber auch zur deutlichen pflanzengeographischen Unterscheidung der sonn- und schattseitigen Hänge. Noch stärker ist die Differenzierung der Pflanzengesellschaften mit der Höhe ausgeprägt. Mit jeweils 250 m Höhe fällt die Temperatur um ca. 1 °C. Dies hat zur Folge, daß in den Nordalpen bei etwa 3 400 m der Schnee im Jahresgang nicht mehr abtauen kann (klimatische Schneegrenze). Blütenpflanzen können aber nur auf Standorten gedeihen, die wenigstens ein bis zwei Monate schneefrei bleiben.

In der Gipfelregion der Allgäuer Alpen wird die Gletscherregion nicht erreicht. Polsterpflanzen beleben dort die sogenannte Felsschuttzone, auch subnivale Zone genannt. Zwergsträucher und alpine Rasen reichen auf günstigen Standorten bis auf 2 400 m hinauf, ihr Verbreitungsgebiet wird als alpine Stufe bezeichnet. Krummhölzer, in den Nordalpen sind es Latschen, können bis fast 2 000 m hinaufklimmen und bilden mit den sich unterhalb der Waldgrenze anschließenden reinen Nadelwäldern die sogenannte subalpine Stufe. In diesem Nadelwald tasten sich von unten her einzelne Vertreter laubwerfender Arten, u. a. Bergahorn und Rotbuchen, hinein, die bei etwa 1 250 m – also etwa auf der Höhe des Oberjocher Berghauses Iseler – ihre obere Verbreitungsgrenze finden. Die Laub- und Mischwaldzone bildet die natürliche Leitvegetation der montanen Stufe. Nur noch theoretisch interessant ist, daß unterhalb dieser Formation in der collinen Stufe Hainbuche, Nußbaum, Edelkastanie und Kirschbaum die wichtigsten Vertreter wären.
Diese natürliche Höhenstufung der Vegetation, der sogenannte Stockwerkbau der Alpen, ist durch den Menschen seit seinem vermutlich bronzezeitlichen Einzug in das Oberallgäu in zunehmenden Maße beeinflußt worden. Zunächst beschränkte sich sein Einfluß auf den Ersatz der Laub- und Mischwälder der collinen und montanen Stufe durch Kulturpflanzen. Später erfaßte die Rodung auch den Nadelwald der subalpinen Region, der teilweise den Bergwiesen und -weiden weichen mußte, als die Almwirtschaft sich über die alpinen Rasen hinaus ausdehnte. Auf den so entstandenen Matten fanden Pflanzen ihren natürlichen Lebensraum, die sich an die einmal im Jahr erfolgende Mahd oder die natürliche Mistdüngung der Rinder bzw. Schafe anpassen konnten. Die Alpenlandschaft hat durch diese noch relativ behutsamen Eingriffe des Menschen eher gewonnen. Der Artenreichtum, aber auch die ästhetische Wirkung, die ja von der landschaftlichen Vielfalt, also von Waldrändern, besonnten und schattigen Weiden, Almhütten und weidendem Vieh abhängt, nahmen noch zu. Heute aber scheint die menschliche Tätigkeit innerhalb und außerhalb der Alpen zu einer ernsten Bedrohung des Ökosystems geworden zu sein. Mit dem Massentourismus, dem hemmungslosen Ausbau von Aufstiegshilfen, der Bevölkerungsverdichtung und der Luftverschmutzung ist der Lebensraum Alpen in einem nie gekannten Ausmaß gefährdet.

In kleinem Umfang könnte auch das Wissen um die Schönheiten der Alpenflora und -fauna hier aufklärend und schützend wirken. Dies wurde in Hindelang und

Farbabbildung links: Frauenschuh (Cyprepédium calcéolus)

Foto: Kaufmann

Foto: Archiv Kurverwaltung Hindelang

Gelber Enzian (Gentiana lutea)

Oberjoch erkannt, und deshalb hat auch der Botanische Garten der Universität Tübingen in der Nähe des universitätseigenen Berghauses Iseler einen botanischen Lehrpfad angelegt, den zu besuchen jedem Bergwanderer und Blumenfreund empfohlen werden soll. Da dort an Ort und Stelle die wichtigsten Vertreter der Alpenpflanzen studiert werden können, beschränkt sich dieser Führer auf die Auflistung der Vegetation des Lehrpfades. Für die eigene Bestimmung unterwegs empfehlen sich verschiedene Bestimmungsbücher, so z. B. Aichele et al. 1977, Hegi et al. 1977, Grey-Wilson/Blamey 1979 oder Wendelberger 1984, die sämtlich im Literaturverzeichnis aufgeführt sind.

Das Berghaus Iseler liegt knapp oberhalb der Talstation der Iseler Sesselbahn. Der Zugang zum Lehrpfad erfolgt entweder vom Iseler-Fußweg aus, wo etwa auf der Höhe des dritten Lift-Mastenpaares ein Pfad nach rechts in den Ochsenbach-Tal-

Berg-Aurikel (Primula auricula) Foto: Kaufmann

einschnitt hinein abzweigt, diesen mit einer Brücke überwindet und bald danach im Wald die ersten Hinweisschilder erreicht werden, oder aber von dem asphaltierten Weg zum Berghaus aus, wo in der letzten rechtwinkligen Rechtskurve ein Fußsteig geradeaus (am Müllcontainer vorbei) in den Bacheinschnitt hineinführt. Nach dem Studium der Waldpflanzen tritt der Besucher dann in die ungedüngte Mähwiese und die Hochstaudenfluren ein und wird schließlich zurück an den Ausgangspunkt geführt. Im folgenden wird der Lehrpfad kurz vorgestellt und werden die Pflanzen dann mit ihrem lateinischen und deutschen Namen benannt. Die Wiedergabe erfolgt mit freundlicher Genehmigung des Botanischen Gartens der Universität Tübingen.
Das Begehen des Lehrpfades erfolgt auf eigene Gefahr. Es wird dringend gebeten, weder Pflanzen noch Schilder zu entfernen. Im Spätherbst werden die Schilder übrigens entfernt und erst im Mai/Juni wieder aufgestellt.

Die Vegetation entlang des Lehrpfads befindet sich auf Kalkuntergrund und gliedert sich im wesentlichen in drei Bereiche.

Berg-Mischwald

In dem vom Bach tief eingeschnittenen Graben ist der Bergwald in seiner natürlichen Gestalt erhalten geblieben, Fichte und Rotbuche herrschen vor. Die unter den Bäumen wachsenden Sträucher, Zwergsträucher, Stauden, Gräser, Kräuter und Farne verhindern Bodenerosion. Das auf engem Raum wechselnde Vegetationsbild macht den Bergwaldbereich in botanischer Hinsicht besonders interessant: Sonnige und schattige, trockene und feuchte Standorte (z. B. Quellaustritte) zeigen die jeweils charakteristischen Pflanzengesellschaften.
An die obere Waldgrenze (die der Lehrpfad nicht mehr erreicht) schließt der Krummholzgürtel an.

Ungedüngte Mähwiese

Der Wiesenhang oberhalb des Berghauses war ursprünglich bewaldet. Die Rodung erfolgte in früherer Zeit zur Anlage von Weideland oder von Grünflächen für die Heugewinnung.
Um die Pflanzen in ihrem jetzigen Bestand zu erhalten und das Nachwachsen von Bäumen und Sträuchern zu verhindern, wird die Bergwiese jährlich im Herbst einmal gemäht.

Hochstaudenflur

Von der Waldlaubregion bis zur alpinen Stufe finden sich unterschiedliche Hochstauden-Pflanzengesellschaften. Sie entwickeln sich bei Vorhandensein nährstoffreicher Feinerde und bei hoher Luftfeuchtigkeit in Schluchten sowie lichten Wäldern in Nordlage.
Die großen Schneemengen des Winters begünstigen eine ausreichende Humusbildung und Stickstoffversorgung.
Einige Hochstauden (wie Eisenhut und Weißer Germer) sind giftig. Sie werden daher von Vieh und Wild gemieden.
Der sich hier ansamende Wald wird durch Wildverbiß am Aufkommen gehindert.

LISTE DER WICHTIGSTEN IM BOTANISCHEN LEHRPFAD BEIM BERGHAUS ISELER VORHANDENEN PFLANZENARTEN

1. Gehölze:

1. Picea abies	Fichte
2. Acer pseudo-platanus	Bergahorn
3. Berberis vulgaris	Gemeiner Sauerdorn
4. Fagus sylvatica	Rotbuche
5. Lonicera alpigena	Alpen-Geißblatt
6. Rosa pendulina	Gebirgs-Rose
7. Sorbus aucuparia	Eberesche

2. Hochstauden:

1. Aconitum napellus	Blauer Eisenhut
2. Aconitum vulparia	Gelber Eisenhut
3. Adenostyles glabra	Kahler Alpendost
4. Astrantia major	Große Sterndolde
5. Centaurea montana	Berg-Flockenblume
6. Chaerophyllum hirsutum	Behaarter Kälberkropf
7. Cicerbita alpina	Alpen-Milchlattich
8. Gentiana asclepiadea	Schwalbenwurz-Enzian
9. Gentiana lutea	Gelber Enzian
10. Ranunculus acontifolius	Gebirgs-Hahnenfuß
11. Thalictrum aquilegifolium	Akeleiblättrige Wiesenraute
12. Veratrum album	Weißer Germer

3. Wiesenpflanzen

1. Anthyllis vulneraria	Echter Wundklee
2. Arnica montana	Berg-Wohlverleih
3. Aster bellidiastrum	Alpen-Sternliebe
4. Bupthalmum salicifolium	Weidenblättriges Rindsauge
5. Carlina acaulis	Silberdistel
6. Centaurea pseudophrygia	Perücken-Flockenblume
7. Deschampsia caespitosa	Rasen-Schmiele
8. Gentiana asclepiadea	Schwalbenwurz-Enzian

9. Gentiana lutea	Gelber Enzian
10. Geranium robertianum	Ruprechtskraut
11. Primula farinosa	Mehlige Schlüsselblume
12. Primula elatior	Hohe Schlüsselblume
13. Ranunculus montanus	Berg-Hahnenfuß
14. Scabiosa lucida	Glänzende Scabiose
15. Silene vulgaris	Taubenkropf
16. Soldanella alpina	Echtes Alpenglöckchen
17. Thalictrum simplex	Einfache Wiesenraute
18. Trollius europaeus	Trollblume
19. Veratrum album	Weißer Germer

4. Alpine Kräuter

1. Alchemilla plicatula	Alpen-Frauenmantel
2. Biscutella laevigata	Brillenschötchen
3. Galium pumilum	Zwerg-Labkraut
4. Globularia nudicaulis	Nacktstengelige Kugelblume
5. Homogyne orbiculare	Alpen-Brandlattich
6. Phyteumea orbiculare	Kopfige Teufelskralle
7. Plantago atrata	Berg-Wegerich
8. Polygala chamaebuxus	Zwerg-Kreuzblume
9. Polygonum viviparum	Knöllchen-Knöterich
10. Potentilla aurea	Goldgelbes Fingerkraut
11. Tofieldia calyculata	Kelch-Simsenlilie

5. Farne

1. Athyrium filix-femina	Frauenfarn
2. Blechnum spicant	Rippenfarn
3. Cystopteris fragilis	Zerbrechlicher Blasenfarn
4. Dryopteris austriaca	Dornfarn
5. Dryopteris filix-mas	Wurmfarn
6. Polypodium vulgare	Engelsüß
7. Polystichum lobatum	Gelappter Schildfarn
8. Polystichum lonchitis	Lanzen-Schildfarn

Farbabbildung rechts: Stengelloser Enzian (Gentiana acaulis)

Foto: Kaufmann

Foto: Borsdorf

Türkenbund (Lilium martagon) im Hintersteiner Tal

6. Waldpflanzen

1. Aconitum vulparia	Gelber Eisenhut
2. Adenostyles glabra	Kahler Alpendost
3. Aposeris foetida	Hainsalat
4. Aruncus silvester	Geißbart
5. Asarum europaeum	Haselwurz
6. Cicerbita alpina	Alpen-Milchlattich
7. Fragaria vesca	Wald-Erdbeere
8. Geranium sylvaticum	Wald-Storchenschnabel
9. Hieracium sylvaticum	Wald-Habichtskraut
10. Knautia sylvatica	Wald-Witwenblume
11. Lamium galeobdolon	Goldnessel
12. Luzula sylvatica	Wald-Hainsimse
13. Lycopodium annotinum	Wald-Bärlapp
14. Lysimachia nemorum	Hain-Gilbweiderich
15. Oxalis acetosella	Gemeiner Sauerklee
16. Paris quadrifolia	Einbeere
17. Phyteuma spicatum	Ährige Teufelskralle
18. Prenanthes purpurea	Purpurner Hasenlattich
19. Primula elatior	Hohe Schlüsselblume
20. Polygonatum officinale	Salomonsiegel
21. Polygonatum verticillatum	Quirlblättrige Weißwurz
22. Ranunculus aconitifolius	Gebirgs-Hahnenfuß
23. Ranunculus nemorosus	Wald-Hahnenfuß
24. Sanicula europaea	Sanikel
25. Saxifraga rotundifolia	Rundblättriger Steinbrech
26. Senecio nemorensis ssp. fuchsii	Hain-Kreuzkraut
27. Solidago virgaurea	Goldrute
28. Vaccinium myrtillus	Heidelbeere
29. Veronica latifolia	Breitblättriger Ehrenpreis
30. Veronica officinalis	Wald-Ehrenpreis

Viele Wege führen ins Tal – Zur historischen Verkehrsgeographie des Jochpasses

Die Jochpaßstraße, die sicherlich zu den schönsten deutschen Alpenstraßen gehört, hat eine reiche Vergangenheit.
Ihre Entwicklung nachzuzeichnen, heißt zugleich ein kleines Stück Verkehrsgeschichte in den deutschen Alpen zu skizzieren.

Die Geschichte des Verkehrs über den Jochpaß läßt sich in mehrere, zeitlich aufeinanderfolgende Abschnitte gliedern, die jeweils eine eigene Streckenführung aufweisen. Die Funktion des Passes als Mittler zwischen den unterschiedlichen Herkunfts- und Zielgebieten des Verkehrs war im Laufe der Geschichte ebenfalls sehr unterschiedlich. Schon in römischer Zeit wurde der Überweg über den Jochsattel benützt. Er war Bestandteil der römischen Militärstraße Via Decia, welche die Heerlager in Brigantium (Bregenz) und Teriolis (Zirl) miteinander verband. Geographisch stellt sie eine Verbindung des Bodenseeraumes mit dem Brennerpaß dar. Ihr Verlauf läßt sich folgendermaßen markieren: am Gasthaus Kienbach in Niederstaufen zweigt sie von der „Hauptstrecke", der Via Claudia, welche von Brigantium nach Campodunum (Kempten) führt, ab. Sie führt dann weiter über Scheidegg, Bösenscheidegg, Simmerberg, Hahnenschenkel, Kalzhofen, Thalkirchdorf (westlich von Immenstadt), am Nordhang des Ostrachtales entlang über Vorderhindelang, den Jochpaß empor weiter über Oberjoch, Tannheimer Tal und Gaichtpaß, Weißenbach, Ernberger Klause, Leermoos, Ehrwald, Seefeld bis nach Zirl.
Nach Inschriften auf römischen Meilensteinen betrug die Entfernung Bregenz–Innsbruck 108 römische Meilen, was rund 160 km entspricht. Da die Luftlinienentfernung schon rund 130 km beträgt, wird der direkte, auf Geländebeschaffenheit kaum Rücksicht nehmende Streckenverlauf gerade auch beim steilen Jochpaßanstieg verständlich. Die Straße wurde 250 n. Chr. von dem römischen Kaiser Decius (nach dem sie benannt ist) und seinen Söhnen erbaut. Möglicherweise stellt sie eine „Ersatzstrecke" für die Via Claudia dar, die in jenen Jahren der Völkerwanderung durch die Alemanneneinfälle gefährdet war. Wie bei den übrigen wichtigen Römerstraßen, handelt es sich auch bei der Via Decia um eine Kunststraße mit festem Unterbau. Wenn man bedenkt, daß in Nachahmung französischer Vorbilder erst im 18. Jahrhundert allgemein eine Chaussierung der Straßen üblich wurde, läßt sich diese Kulturleistung der Römer erst recht würdigen.
In nachrömischer Zeit wird der Übergang über den Jochpaß zunächst keine „Fernverkehrsbedeutung" mehr gehabt, sondern vorwiegend als Nachbarschaftsweg

Farbabbildung links: Alpenrose (Rhododendron ferrugineum)

Foto: Kaufmann

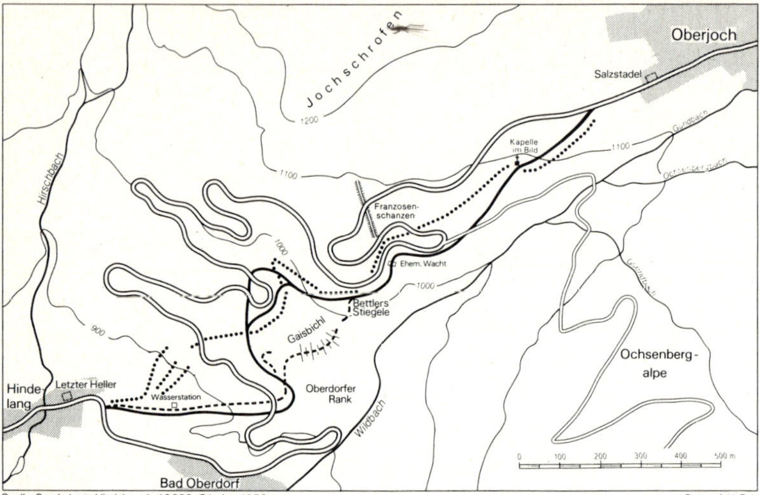

Quelle: Sonderkarte Hindelang 1 : 10000; Günther 1972 — Entwurf: H. Eck

═══ Heutige Autostraße	----- Montfortstraße (1540–1550)
─── „Alte“ Jochstraße (19. Jh., zum Teil identisch mit Montfortstraße)	········ Mittelalterlicher Saumpfad und römische Straße „Via Decia“

Die Trassen der Jochpaßstraße seit der Römerzeit

zwischen dem Tannheimer Tal und dem Sonthofener Raum gedient haben. Sicherlich wurden bis in das Hochmittelalter weithin Teile der alten Römerstraße für den Sommerverkehr benutzt. Zwischen Hindelang und Oberjoch kann man bei aufmerksamen Geländebetrachtungen Teilstücke dieses alten Saumweges noch ausmachen.

Territorialgeschichtliche Umstände begünstigten im ausgehenden Mittelalter die Stellung des Jochpasses. In der Zeit zwischen 1540 und 1550 wurde eine neue Straße gebaut. Bauherren waren auf der Hindelanger Seite eine Linie der weitverzweigten Grafen von Montfort, die verwandt waren mit den Pfalzgrafen von Tübingen. Sie betreuten den Bauabschnitt von Sonthofen bis zur „Gähwinde“. Sie besaßen die vom Kaiser verliehenen Schutz- und Geleitrechte in diesem Gebiet. Auf der heute österreichischen Seite betrieben die Erzherzöge von Tirol den Straßenbau.

Kurze Zeit nach dem Bau dieser Strecke kamen unter Graf Ulrich IX. von Montfort im Jahre 1564 die Besitzungen der Montforter rechts der Iller – also im Hindelanger Raum – im Tausch mit anderen Gütern an das Hochstift Augsburg, wo sie bis zum Ende des „Heiligen Römischen Reiches Deutscher Nation“ verblieben. Die nach ihren Erbauern benannte „Montfortstraße“ ist, soweit sie von der Trassenführung des 19. Jahrhunderts abweicht, im Gelände noch gut zu erkennen. Der spätmittelalterliche Straßenausbau, der dritte Abschnitt in der Geschichte des Jochpaß-Verkehrs, führte zu einem vorläufigen Höhepunkt dieses Verkehrsweges. Die Jochstraße wurde zur wichtigsten Ost-West-Querverbindung zwischen Tirol und dem Bodenseeraum bzw. dem Ober- und Hochrhein. Wichtigstes Transportgut war das im tirolischen Hall gewonnene Salz, das zunächst mit Saumtieren, nach dem Bau der Montfortstraße mit Fuhrwerken über das Joch transportiert wurde. Der sich rasch ausweitende Salzverkehr erforderte eine umfangreiche Organisation. Zu diesem Zweck wurden einzelne Straßenabschnitte gebildet und für jeden Abschnitt eine Faktorei errichtet. Ihr oblag die Aufsicht über den Salzverkehr.

Jede Faktorei wurde mit einem Salzfaktor besetzt und im Orte ein Rodausschuß aus 8–12 Mann von den Fuhrleuten selbst bestimmt, die als Vertreter der Fuhrleute und eventuell der Gemeinde auftraten. Die Arbeiten im Salzstadel oblagen dem Stadelknecht, der die Schreibarbeiten aufs Genaueste zu vollführen hatte, dann je nach Bedarf einem oder mehreren Stadelkiefern und -bindern, welche die Verladung der Fässer, sowie deren Verwahrung im Stadel zu erfüllen hatten. Auch hatten sie die nötigenfalls vorzunehmenden Reparaturen an zu Schaden gekommenen Fässern zu machen.

(BERKTOLD 1938, S. 48/49)

Foto: Borsdorf

Salzfahrerkapelle an der Montfortstraße bei Oberjoch

Foto: Borsdorf

Der Salzfahrerbrunnen im Zentrum von Hindelang

Zahlenangaben für das 17. Jahrhundert berichten von über 14 000 transportierten Salzfässern pro Jahr über das Joch. In Anbetracht des steilen Abstieges vom Paßsattel nach Hindelang hinab umfaßte eine Fuhre in der Regel 2 Fässer mit jeweils 5 Zentnern Salz. An manchen Tagen werden über 100 Salzfuhren das Joch passiert haben.

In den ersten Jahrzehnten des 19. Jahrhunderts kam der Salzverkehr über die Jochstraße zum Erliegen. Gebietsabtretungen Bayerns an Tirol führten dazu, daß sich der Salzverkehr auf die Arlbergstrecke verlagerte, die 1787 eröffnet wurde. Dadurch hoffte man, die auf dem Salztransport liegenden Gebühren und Zölle zu senken.

Wer der Streckenführung des alten Saumweges oder auch der „Montfortstraße" nachgeht, der wird erstaunt sein, daß beide mit viel weniger Kehren als die heutige Straße, oftmals im direkten Anstieg, auf die Höhe gelangten. Dies ist keineswegs außergewöhnlich bei mittelalterlichen Straßen. Man war allgemein bemüht, die Wege, die ja überwiegend nicht gepflastert waren, sondern den Charakter von Naturwegen hatten, auf kürzestem Wege aus den Tälern auf die Höhen zu führen.

Foto: Borsdorf

Jochpaßhöhe – 1180,20 m über dem Meer

Zu diesem Zweck waren oftmals besondere Pferde-Vorspanne erforderlich. In den Alpen entwickelten sich so im Laufe der Zeit regelrechte Säumer-Zünfte, welche die Kaufleute mit trittsicheren Saumpferden und ihrer eigenen Kenntnis der Örtlichkeit über die Pässe brachten.

Im 19. Jahrhundert wurde die bisherige Trassenführung der „Montfortstraße" teilweise verändert. Das, was man heute als „Alte Jochstraße" bezeichnet, ist das Resultat der Maßnahmen des 19. Jahrhunderts.
Nachdem es im 19. Jahrhundert seit dem Erlöschen des Salzverkehrs auf der Jochstraße geruhsam zuging, leitete der Autoverkehr in diesem Jahrhundert einen neuen verkehrsgeschichtlichen Abschnitt ein. Verkehrsströme wie nie zuvor hat die erst am Ende des vergangenen Jahrhunderts zwischen 1895 und 1900 erbaute und dann 1952 ohne Veränderung der Streckenführung erneuerte Straße zu bewältigen. In 106 Kehren überwindet sie den Höhenunterschied von rund 300 m. Die schönste Aussichtsstelle der Straße, die „Kanzel" (1050 m) bietet einen reizvollen Blick über Hindelang und das untere Ostrachtal bis nach Sonthofen.

Foto: Scholl

Blick auf Oberjoch (1150 m)

Unweit davon, etwa 100 m östlich, halten niedrige, quer zur Straße verlaufende Erdwälle – Überreste alter Schanzenanlagen aus dem österreichisch-französischen Krieg (1796–1809), die Erinnerung daran wach, daß die Jochstraße unfreiwilligerweise auch schon als Heerstraße herhalten mußte. Gegenüber dieser Nutzungsweise möchte man der Jochpaßstraße noch ein langes Bestehen als beliebte Ferienstraße für die „Heerscharen" ungezählter Automobilisten wünschen.

Farbabbildung rechts: Im Hintersteiner Tal

Foto: Eppe

Eine friedliche Eroberung – Zur Erschließung der Allgäuer Alpen

Die Geschichte der Erschließung der Allgäuer Alpen ist Bestandteil der Eroberung der Alpen als Ganzes. Zwar stellten die Alpen, im Herzen des Abendlandes gelegen, durch die Jahrhunderte keine terra incognitae dar, jedoch wurden sie lange Zeit gemieden.

Reisen ins Gebirge gab es nicht, sondern nur Reisen d u r c h das Gebirge, wenn eben das Reiseziel auf keinem anderen Wege zu erreichen war".

(GÜNTHER, S., zit. nach DREYER 1938, S. 11)

In der Empfindungswelt der Antike wird das Gebirge als eine unwirtliche Gegend gesehen, mit „grausigen Höhen", Anlaß von Furcht und Grauen. Dieser Ton kommt zu uns aus den Schilderungen römischer Dichter. Auch das Mittelalter verharrt weithin in diesem Gefühl. Um so ungeheuerlicher ist die Besteigung des Mont Ventoux in den Westalpen am 26. April 1336 durch den italienischen Früh-Humanisten Petrarca. Sie markiert einen Wendepunkt abendländischen Naturempfindens. Ihm folgen später weitere Humanisten, oftmals schon inspiriert vom wissenschaftlichen Interesse der Erkundung des Gebirges. Als eigentliche Wegbereiter des Alpinismus gelten aber die Schweizer Albrecht Haller (1708–1777) und Jean Jacques Rousseau (1712–1778). Beide bereiteten mit bahnbrechenden Schriften dem neuen Naturgefühl den Weg für weitere Kreise vorwiegend noch literarisch ausgerichteter Naturschwärmer. Hallers 1729 erschienenes Lehrgedicht „Die Alpen" und Rousseaus Roman „Julie ou La Nouvelle Héloise" (1761) beschreiben die Schönheit der Alpen, obwohl beide keine Bergbegeher waren. Die alpinistische und touristische Erschließung der Alpen, die im 19. Jahrhundert voll einsetzte, ist Ausdruck eines Naturempfindens, das in diesen Schriften eröffnet wird.
Dies ist zugleich auch der geistesgeschichtliche Kontext, der uns nun die Erschließung der Allgäuer Berge besser verstehen läßt.
Die Anfänge der Begehung der Allgäuer Berge sind nicht Teil der schriftlich überlieferten Geschichte. Mit Sicherheit waren es zunächst nur Einheimische, Jäger und Hirten, die einzelne Berge begangen haben. Als frühe Touristen könnte man einzelne Augsburger Fürstbischöfe bezeichnen. Bischof Sigismund Franz erbaute 1660 in Hindelang ein Sommerschlößchen; und der letzte Augsburger Fürstbischof, Clemens Wenzeslaus ließ am Seealpsee (1600 m) eine Hütte errichten. Er hielt sich oftmals auch im Retterschwangtal auf. 1773 und 1774 hat er eine ausführlich beschriebene „Ersteigung" des Grünten durchgeführt, begleitet von zahlreichen Helfern.

Foto: Heimhuber

„Hochvogel" (2593 m), schönster Aussichtsberg der Allgäuer Alpen

Nächst den Hirten und Jägern ist einer weiteren Gruppe zu gedenken, die nun füglich schon als Bergsteiger bezeichnet werden dürfen. Die Rede ist von jenen Männern, die während der Triangulation im Zuge der Bayrischen Landesvermessung in den Jahren 1818 und 1819 praktisch alle wichtigen Gipfel der Allgäuer Alpen bestiegen und Signalfahnen für die Winkelmessung errichtet haben. Dies ist bei der beigefügten, tabellarischen Übersicht über die Erstbesteigungen Allgäuer Berge zu bedenken. Sie teilen aber mit den Jägern und Hirten das gleiche Schicksal vor der Geschichte: ihre Namen sind nicht mehr bekannt. Wenige Jahre später bemühen sich dann wissenschaftlich interessierte Bergfreunde um die Erforschung der Allgäuer Berge. Zu nennen sind der Landgerichts-Physicus Josef Anton Tronsberg (gestorben 1829 in Weiler), oder Dr. Bernhard Zör (gestorben 1855 in Immenstadt), die Pfarrer C. L. Koeberlin (Grönenbach bei Memmingen) und Dr. Fried-

rich Dobel, Senior und Junior aus Kempten, der Apotheker-Provisor Trobitius (Kempten), der 1832 als Erster den Hochvogel erstieg, der Geologe Dr. Wilhelm Gümbel und der Botaniker Prof. Dr. Otto Sendtner, welcher in umfangreichen botanischen Exkursionen die gesamte Flora des Allgäus erfaßte („Die Vegetationsverhältnisse Südbayerns", München 1854). Gümbel und Sendtner gelten als die Ersten, *„von denen wir aussprechen dürfen, daß sie das Allgäuer Gebirge in seiner Gesamtheit beherrschten und touristische Schwierigkeiten sozusagen nicht mehr kannten, die Entschleierung dieses Gebirgsabschnittes ist vollzogen, allerdings zur Zeit nur für sie; es verfließen anderthalb Jahrzehnte, bis wir Ähnliches wieder behaupten können".* (SPIEHLER 1893, S. 51)

Die genannten Pioniere dürfen als erste wirkliche Vertreter des Allgäu-Alpinismus gelten, betraten sie doch die Berge, „um ihrer Selbst willen", ohne unmittelbar gegebene Nutzanwendung.

Für das Aufkommen des Tourismus in den Allgäuer Bergen war die Eröffnung verschiedener Eisenbahnstrecken eine wichtige Vorbedingung: 1853 die Linie Hof–Lindau, 1863 die Strecke Ulm–Kempten, 1873 Immenstadt–Sonthofen und später, 1901 München–Immenstadt. Schon 1861 verbindet die Pferdepost Sonthofen mit Hindelang.

Wegbereiter der touristischen Erschließung der Allgäuer Berge waren Hermann von Barth und Anton Waltenberger. Hermann von Barth kam 1869 als Rechtsreferendar nach Sonthofen. Obgleich im folgenden Jahr nach München versetzt, erstieg er in diesem einen Sommer nach eigenen Angaben 44 Gipfel. In seinem 1870 autographierten „Allgäuer Wegweiser" berichtet er von diesen Leistungen.

Anton Waltenberger wirkte als Geometer in Immenstadt. Er durchstreifte ab 1867 als Bergsteiger und Zeichner die Allgäuer Berge. 1870 veröffentlichte er seinen „Führer durch Allgäu, Vorarlberg und Tirol" (Augsburg). Er war auch der Gründer der Sektion Immenstadt des Alpenvereins (1874). Damit ist das Stichwort für eine neue Phase in der Erschließungsgeschichte auch der Allgäuer Berge gegeben.

War die Erkundung und Eroberung der Alpen, auch der Allgäuer Berge, bisher die Leistung einzelner Pioniere, so setzte ab den 60er Jahren des 19. Jahrhunderts eine umfassende „Inbesitznahme" der Berge auf breiter und organisierter Grundlage ein.

1862 gründen bergbegeisterte Gleichgesinnte den Österreichischen Alpenverein, 1864 folgt der Schweizer Alpenclub und 1869 wird der Deutsche Alpenverein gegründet. Schnell gliedern sich der ersten Sektion (München) weitere an. 1873 vereinigen sich der Österreichische und der Deutsche Alpenverein (DÖAV), eine Vereinsehe, die bis zum Ende des 2. Weltkrieges hält. Der Aufschwung des DÖAV spiegelt sich auch in seinen Mitgliederzahlen wider.

Aus den Annalen (50. Jahrgang der Vereinszeitschrift) ist zu entnehmen, daß die Tübinger Sektion als 171. Sektion am 19. 2. 1891 gegründet wurde. Die Tübinger Sektion hat sich von anfangs 21 auf heute rund 3 400 Mitglieder vergrößert (freundliche Mitteilung von Herrn Bofinger von der Sektion Tübingen des DAV).

Farbabbildung links: Iselergipfel

Foto: Kaufmann

Zu den besonders erwähnenswerten Leistungen der Alpenvereine gehört der Hütten- und Wegebau, der erst dem Touristen das Gebirge erschloß. Kurz nach Gründung des Deutschen Alpenvereins wurden diese Aufgaben zügig in Angriff genommen. Besonders hervorgetan haben sich hierbei die Sektionen Allgäu-Immenstadt und Allgäu-Kempten, 1875 wird das Waltenberger Haus erbaut, weitere folgen bald darauf: 1881 Prinz-Luitpoldhaus (1974 erweitert), 1887 Willers-Alpe (auf ihr wird 1 Zimmer mit 6 Matratzenlagern eingerichtet), 1889 Pfrontener Hütte, 1890 Edmund-Probst-Haus, 1891 Kemptener Hütte.
Parallel liefen die Aktivitäten im Bau von Wegen und Steigen. 1893 führten schon „gute Steige" auf Grünten, Iseler und Widderstein. Etwa in gleicher Zeit wurde auch der „Saalfelder Weg" vom Schwarzwassertal zur Kirchdachscharte (s. Tour 11, Seite 147) erschlossen. 1899 richtet die Sektion Allgäu-Immenstadt zu ihrem 25jährigen Jubiläum den nach diesem Anlaß benannten „Jubiläumsweg" ein. Er beginnt knapp hinter der Willers-Alpe und führt zum Prinz-Luitpold-Haus. Noch bekannter ist der zwischen der Kemptener- und Rappenseehütte verlaufende „Heilbronner Weg", der wohl bekannteste Höhenweg und Felsensteig der Allgäuer Berge. Er wurde ebenfalls 1899 von der Sektion Allgäu-Kempten angelegt und von der Sektion Heilbronn finanziert. In den Jahren 1973–1978 wurde schließlich der „Hindelanger Klettersteig" eingerichtet, der vom Nebelhorn zum Breitenberg bei Hinterstein führt.
Die rund 100jährige Phase der alpinistischen Erschließung der Allgäuer Berge kann als abgeschlossen betrachtet werden. Die bevorstehenden Aufgaben der Raumplanung in den Allgäuer Bergen müssen von bewahrender Art sein. Jedes weitere Erschließungsprojekt vergrößert die Gefahr, den sensiblen Naturhaushalt der Berge zu stören. Auch in fremdenverkehrswirtschaftlicher Hinsicht muß die Einsicht Allgemeingut werden, daß der Tourismus Elemente in sich trägt, die ihn selbst zerstören können.

Die Entwicklung des Deutsch-Österreichischen Alpenvereins 1869–1980

Jahr	Sektionen	Mitglieder	davon deutsche Mitglieder in %
1869	16	702	71
1880	71	8 192	55
1890	183	24 068	61
1900	260	47 068	73
1910	395	91 198	72
1914	407	102 092	71
1942	463	199 000	
1964	DAV: 289	219 000	
	ÖAV: 154	189 000	
1980	DAV: 300	377 000	

Abbildung rechts: Baumblüte in Hindelang mit Blick auf die Rotspitze (2033 m)

Foto: Scholl

Der Deutsche Alpenverein leitete mit seinem 1977 beschlossenen „Grundsatzprogramm zum Schutze des Alpenraumes“ diese neue Phase des Alpinismus ein: nach der Erschließung nun die Erhaltung der Bergwelt.

1986 schließlich wird das Naturschutzgebiet „Allgäuer Hochalpen“ ausgewiesen. Es erstreckt sich – eine Fläche von ca. 20 000 ha umfassend – entlang des Hauptkammes der Allgäuer Alpen, von den Oberstdorfer Tälern (einschließlich Kleines Walsertal) bis zum Retterschwangtal auf Hindelanger Gemeindegebiet.

Namentlich bekannte Erstbesteigungen Allgäuer Berge

1669	Widderstein	2536 m	Pfarrer Bickel aus Schröcken (?) Dobel sen., Dr. Henne und Trobitius
1669	Widderstein	2536 m	Pfarrer Bickel aus Schröcken (?)
1831	Widderstein		Dobel sen., Dr. Henne und Trobitius
1832	Hochvogel	2593 m	Trobitius
(1883)	Hochvogel		Winterbesteigung: Leo Dorn Dr. Bernhard Zör (1811)
1836	Mädelegabel	2643 m	Vincenz Schraudolph (1836) oder erst Sendtner 1852 (?)
(1882)	Mädelegabel		Erste Winterbesteigung durch Heiß und Dr. Fürst
1846	Schneck	2258 m	Blattner, oder erst Sendtner 185(?)
1848	Höfats	2260 m	Prof. Dr. Otto Sendtner
(1897)	Höfats		Winterbesteigung: Gebr. Enzensperger
1854	Rauhhorn	2240 m	Caflisch
	Gr. Krottenkopf	2657 m	Dr. Wilhelm Gümbel
(1887)	Gr. Krottenkopf		Winterbesteigung: Theodor Wundt
	Urbeleskarspitze	2641 m	Dr. Wilhelm Gümbel
	Oefnerspitze	2578 m	Dr. Wilhelm Gümbel
	Krottenspitze	2548 m	Dr. Wilhelm Gümbel
1855	Trettachspitze	2585 m	Urban und Alois Jochum
1869	Hohes Licht	2687 m	Hermann von Barth
	Hochfrottspitze	2645 m	Hermann von Barth
(1887)	Hochfrottspitze		Winterbesteigung: Theodor Windt
	Bockkarkopf	2580 m	Hermann von Barth
	Biberkopf	2603 m	Thaädäus Blattner und Dr. August Holler
	Marchspitze	2608 m	Hermann von Barth
	Klimmspitze	2465 m	Hermann von Barth
	Wasserfallkarspitze	2565 m	Hermann von Barth
	Bretterspitze	1608 m	Hermann von Barth

(Quellen: LEHNER 1924, SPIEHLER 1893, SCHMITT 1963)

Einst und jetzt – Die Siedlungs- und Wirtschaftsgeschichte des Ostrachtales

Der Historiker ist angewiesen auf schriftliche Zeugnisse, wenn er sich an die schwierige Aufgabe macht, ein Bild vergangener Zeiten zu entwerfen. Was vor dieser Zeit liegt, ist „Vorgeschichte“, Zeugnisse aus dieser Zeit sind nur mit dem Spaten zu finden. Vorgeschichtler fanden bei Oberjoch Bronzebeile, wie auch bei Rohrmoos und Einödsbach, Spaten legten 1828 einen bronzezeitlichen Fahrweg im Agathazeller Moos bei Immenstadt frei – einen Knüppeldamm, der sich im Moor über 3 200 Jahre gut erhalten hatte. Der Schluß, daß die Allgäuer Gebirgstäler bereits in der Bronzezeit aufgesucht oder gar besiedelt wurden, wird bestätigt durch die Ortsnamenforschung. Der Flußname Iller, ein illyrisches Wort, ist ein Relikt dieser vorgeschichtlichen Siedlungsepoche.
Ob nun Illyrer oder Veneter die „ersten“ Bewohner unseres Gebiets waren, ist noch nicht geklärt. Mit Sicherheit gehen jedoch die ersten Belege des Eisenbergbaus auf keltische Bergleute zurück. Im Füssener Raum belegen viele Bodenfunde die Handfertigkeit dieses Volkes, um Hindelang ist die frühe Eisenzeit (Hallstatt-Kultur) bisher durch Bodenfunde noch nicht belegt, obwohl die Verhüttung des Allgäuer Brauneisenerzes um 600 v. Chr. einen ersten Höhepunkt erreichte. Aber gerade im Hindelanger Raum häufen sich die Sagen um die Venedigermännchen, die Wilden Männle und Wilden Fräulein, mit Namen wie „Stuzzemuz“, „Rezabell“, „Ahudlamuz“. Vor allem das Hintersteiner Tal tritt in den Sagen immer wieder als Bereich der rauhen und einsamen Wildfänge auf, die sich unsichtbar machen konnten, Edelsteine verschenkten, alte Heilkünste beherrschten und jedem, der sie nicht bedrohte, wohlgesonnen waren.
Mit der römischen Besatzungszeit des Allgäus (15 v. Chr. – 488 n. Chr.) treten wir in den lichten Raum der Geschichte ein. In dieser Zeit entsteht unter Kaiser Decius um 250 n. Chr. die Via Decia als Ausweichroute für die durch Alemanneneinfälle gefährdete nördliche Straße Bregenz – Kempten – Füssen.

Die heutigen Siedlungen des Ostrachtales gehen jedoch zurück auf eine Spätphase der alemannischen Landnahme, die hier vom Illertal aus erfolgte. Ein genaues Datum ist uns nicht überliefert, da die ersten Urkunden erst aus dem Jahr 1145 (Liebenstein) stammen, doch kann angenommen werden, daß die Erschließung des Tales bis Hindelang im 10. Jahrhundert erfolgte. Erst im 13. Jahrhundert folgten dann das Hintersteiner Tal, das Retterschwangtal und das Tannheimer Tal (dieses von Pfronten aus).
Die Alemannen waren in erster Linie agrarwirtschaftlich ausgerichtet, auf Basis ihrer autarken Hofwirtschaft. Charakteristisch ist in den Allgäuer Gebirgstälern die

schwarmartige Struktur ihres Siedlungsnetzes. Ein Hauptort bestand hierbei meist aus drei Weilern, die als Vorder-, Mittel- und Hinter- (oder Ober-)dorf zusammentraten. Wir können diese Struktur sehr deutlich heute noch in Hindelang und Hinterstein beobachten.
In der Mitte des 15. Jahrhunderts wurden in ganz Deutschland die Grundlagen eines großen wirtschaftlichen Aufschwungs durch Bergbau, Hüttenindustrie und Metallverarbeitung gelegt. An dieser Entwicklung konnte das Ostrachtal in besonderem Maße teilhaben, da hier in günstiger Weise die Standortfaktoren Rohstoff (Brauneisenerze) und Energie (Holzbrennstoff und Wasserkraft) zusammentrafen. Das Bergwerksregal wurde 1471 an den Grafen Hugo zu Montfort-Rothenfels verliehen, 1489 sind im Hindelanger Tal bereits 15 Gruben im Betrieb, um 1540 wird ein Schmelzwerk in Hindelang eingerichtet. In den Jahren 1562–1567 erwirtschafteten Gruben und Hütten um Hindelang die in der Tabelle wiedergegebenen Erträge.

Eisenproduktion im Gebiet um Hindelang 1562–1567

Jahr	Verbrauchte Holzkohle (in Wannen)	Erz (in Ster)	Massel- und Gußeisen (in kg)
1562/63	47 033	10 948	180 670,5
1564	57 963	15 144	232 000
1565	35 727,5	9 071	137 500
1566	22 547,5	5 823	90 200
1567	47 547	9 923	150 350

Im 15. und 16. Jahrhundert war somit das Ostrachtal eines der wichtigsten oberdeutschen Rüstungsindustriereviere geworden, ein Ruhrgebiet des Mittelalters. Welche Mengen an Waffen hier produziert wurden, belegt der Eintrag im „Befelch-Buch" der Statthalterei Innsbruck über die Lieferung aus Hindelang:

30. 11. 1520	5 000 Fußknechtspieße
5. 6. 1521	1 500 Spieße
26. 2. 1524	8 000 gemeine Spießeisen
6. 12. 1524	5 000 Fußknechtspieße

Bei dem enormen Verbrauch an Holzkohle wird verständlich, daß im Jahr 1573 die Ostracher Waldungen bereits bis auf zwei Wälder abgeholzt waren und das Hüttenwesen somit nennenswert eingeschränkt werden mußte. Aus dem Jahr 1578 ist dann auch eine erste Schließung des Hindelanger Bergwerks überliefert. Trotz der abzusehenden Erschöpfung der Roh-, Hilfs- und Betriebsstoffe erloschen Bergbau und Eisenschmelze jedoch auch in den nächsten Jahrhunderten nie völlig. Noch

Foto: Borsdorf

Die Wasserkunst von Hartmanns Hammerschmiede bei Hindelang

aus dem Jahr 1830 sind in Oberdorf 28 Nagelschmieden, 1 Hammerschmiede, 12 Waffenschmieden überliefert, in Hinterstein existierten damals bei nur 52 Einwohnern 9 Nagelschmieden. Erst 1853/59 wird das Hindelanger Bergwerk endgültig stillgelegt.

Neben dem Bergbau brachte vor allem die Salzstraße Wohlstand ins Ostrachtal. Salz war ein wichtiges mittelalterliches Handelsgut, das in wenigen Lagerstätten des deutschen Reiches bergbaulich gefördert wurde und über große Distanzen über die berühmt gewordenen Salzhandelsstraßen auf die Märkte gelangte. Eine solche Salzstraße führte seit jeher aus Tirol über den Arlberg ins Bodenseegebiet, eine andere und weit bedeutendere über die Reichsstraße von Hall bei Innsbruck über Reutte und Oy nach Kempten und Lindau.
Es war eine Pioniertat des im Hindelanger Tal belehnten Grafen Hugo von Montfort in Absprache mit dem Erzherzog Sigismund von Tirol, den alten römischen Saumpfad 1540–1550 zu einer befahrbaren Straße auszubauen und damit dem Salzverkehr zugänglich zu machen. Hierdurch wurde der Salzweg gegenüber der kaiserlichen Reichsstraße um etliche Meilen und Zollstationen kürzer, und bald war die Montfortstraße die wichtigste Handelsstraße zwischen Tirol und Rhein. Nicht nur den Grafen von Montfort brachte die Straße – sehr zum Ärger des Augsburger Bischofs und der Stadt Kempten – wirtschaftliche Vorteile, es profitierte letztlich der ganze Hindelanger Raum. So ist überliefert, daß im 17. Jahrhundert

300 Pferde Tag für Tag unterwegs waren – ein für die damalige Zeit ungeheures Verkehrsaufkommen, das auch zu entsprechendem Wohlstand führte. Hindelang besaß die Spannrechte, andere Ortschaften am Weg zogen ihren Nutzen aus Verköstigung und Unterbringung der Fuhrleute und Pferde sowie der Salzlagerung bei schlechtem Wetter, schließlich waren alle Gemeinden des Tannheimer- und Ostrachtales von obrigkeitlichen Abgaben befreit. Erst im 19. Jahrhundert kam der Salzhandel über die Jochstraße aufgrund der veränderten politischen Umstände zum Erliegen.

Über die Jahrhunderte des blühenden Bergbaus und Waffenhandwerks und des rastlosen Salzverkehrs über die Jochstraße erwies sich die Landwirtschaft immer als das zweite und sichere Standbein der Ostrachtaler Bevölkerung. Die Möglichkeit, die in der Landwirtschaft freigesetzten Arbeitskräfte auch in der heimischen Industrie oder im Transportwesen unterzubringen, erwies sich für das Oberallgäu als glückhafter Umstand. Die in den benachbarten Tiroler Tälern alljährlich notwendigen „Schwabenzüge" unglückseliger Kinder zur Saisonarbeit auf den reichen oberschwäbischen Hofgütern blieben den Hindelanger Bauern unbekannt. Die Technik der Landbewirtschaftung änderte sich im Laufe der Jahrhunderte kaum. Die Alpwirtschaft war zur Erweiterung der Futterfläche schon früh (belegt seit dem 15. Jh.) zur Feldgraswirtschaft der Taldörfer hinzugetreten. Dabei wurde auch bereits Sennerei betrieben, die Käse waren allerdings wenig haltbar und für den baldigen Verbrauch und den Eigenbedarf bestimmt. Der Landwirtschaft arbeiteten die Mühlen zu, von denen das Ostrachtal vier besaß. Die älteste (Burgmühle Liebenstein) ist schon 1180 genannt, die letzte schloß 1915 das Mühlentor.

An der industriellen Revolution und dem wirtschaftlichen Aufbruch der Gründerzeit hatte das Ostrachtal wenig Anteil. 1866 und 1889 entstanden Filialbetriebe auswärtiger Textilunternehmen in Oberdorf und Vorderhindelang. Schließlich ist aus dieser Zeit noch Liebenstein zu nennen, das seither ein Kalkwerk besitzt, das den Dolomitkalk zu Bau- und Futterkalken verarbeitet.
Für den Fremdenverkehr erwies es sich dann als sehr günstig, daß nach großer industrieller Vergangenheit das Ostrachtal den Anschluß an die moderne Industrialisierung verschlief. Der Fremdenverkehr hat an Wirtschaftskraft heute Landwirtschaft, Transportgewerbe und Industrie weit überrundet. Heute verzeichnet die Marktgemeinde Hindelang mit allen Teilorten jährlich knapp 1 Million Übernachtungen. Daran ist Hindelang selbst mit 28 % der Übernachtungen beteiligt, gefolgt von Bad Oberdorf mit 23 %, Oberjoch mit 19 %, Unterjoch mit 13 %, Hinterstein mit 10 % und Vorderhindelang mit 7 %.
Die saisonalen Schwankungen des Gästebesuchs sind nicht so ausgeprägt wie in anderen Gebirgsgegenden, schließlich eine Folge der unterschiedlichen Höhenlage der Teilgemeinden. So gibt es zwar deutliche Maxima der Besucherzahlen im März und Juli/August, doch weist der Monat November immerhin noch fast die Hälfte der Märzübernachtungen und ein Drittel der Augustübernachtungen auf. Das Einzugsgebiet der Gäste umfaßt die gesamte Bundesrepublik, wobei Nordrhein-Westfalen und Baden-Württemberg insgesamt etwa die Hälfte der Gäste stellen. Ausländer sind dagegen nur zu etwa 2 % unter den Gästen zu finden.

Foto: Borsdorf

Heustadel auf der Jochpaßhöhe

Zum längerfristigen Erholungsverkehr gesellt sich der Ausflugsverkehr, dessen Einzugsgebiet halbkreisförmig nach Norden (bei einem Radius von etwa 100 km) ausgerichtet ist. So ergab eine Parkplatzzählung durch Geographiestudenten der Universität Tübingen im Sommer 1978, daß immerhin 58 % der erfaßten Kraftfahrzeuge auf sechs ausgesuchten Parkplätzen der Gemeinde Hindelang zum Tagesausflug ins Ostrachtal gekommen waren. Konsequenterweise waren Fahrzeuge aus den Kreisen Sonthofen (17,5 %), Kempten (7,4 %), Memmingen (3,5 %) und Ravensburg (3,2 %) überdurchschnittlich vertreten.
Der Fremdenverkehr bietet wohl dem weitaus größten Teil der Bevölkerung des Ostrachtals und Oberjochs die Haupterwerbsquelle. In Oberjoch z. B. gaben bei einer Befragung im Juli 1978 46,1 % der männlichen Erwerbspersonen als Hauptberuf eine Tätigkeit in einer mit dem Fremdenverkehr in Zusammenhang stehenden Branche an. Als Nebenerwerb gar spielt der Tourismus mit 85,8 % der Nebenerwerbstätigen eine noch dominierendere Rolle.
Allerdings hat die so einseitige Ausrichtung auf die Tourismusbranche auch Nachteile. Von der nachwachsenden Jugend wird das enge Branchenspektrum nur zum Teil akzeptiert, sie wandert in hohem Maße ab. So überrascht es nicht, daß man bei der Durchsicht der von der abgewanderten Bevölkerung gewählten Tätigkeitsfelder die Ingenieur- und andere akademische Berufe, Verwaltungs- und Industrieberufe überdurchschnittlich repräsentiert findet. 42,5 % der Abgewanderten gelangten über das Ostrachtal hinaus, wobei Bayern, das Rheinland und Schleswig-Holstein besondere Anziehungspunkte darstellen.

Auch das Vieh kommt zur Sommerfrische – Das Allgäu als Agrarraum

Wer zum ersten Mal ins Allgäu kommt, der ist beeindruckt von der Lieblichkeit der Landschaft. Es gibt noch Weiler und Dörfer, deren Gestalt noch nicht von „modernen" Wohnsiedlungen eingeschnürt ist und wo außer dem Dorfgasthaus keine Hotels, Pensionen und sonstigen Bestandteile der Fremdenverkehrsinfrastruktur das gemächlich scheinende Dorfleben kontrastieren. Stattliche Bauernhäuser, weitläufige Koppeln und Wiesen vermitteln den Eindruck von Beharrlichkeit und Solidität. Der Blick – nur begrenzt von Baumgruppen oder Wäldchen auf den Hügeln und Bergen – grün, so weit das Auge schaut. Ohne Frage: nicht erst das Fehlen industrieller Komplexe vermittelt das Bild einer Agrarlandschaft.
Dem aufmerksamen Beobachter wird aber nicht entgehen, daß auch im landwirtschaftlichen Sektor Wandlungen stattfinden, die allenthalben ihren Niederschlag in der Landschaft finden. Wer überdies das historische Moment einbezieht, wird bald erkennen, daß der Eindruck eines „grünen" Allgäus Folge einer Entwicklung ist, die im vorigen Jahrhundert ihren Anfang nahm. Schon die etymologische Interpretation des Namens „Allgäu", der in einem Urkundenbuch des Klosters St. Gallen 817 zum ersten Mal auftaucht („in pago Albigaugense"), läßt sich neben der Herkunft aus dem indogermanischen „alb" (= Berg, hoch) zumindest für das Hochmittelalter als Ausdruck für die Nutzungsmöglichkeit des Raumes als „Land der Bergweiden" verstehen. Dabei war in jener Zeit das Allgäu noch nicht so grün wie heute. Ja, bis in das 19. Jahrhundert hinein war in manchen Zeiten vielmehr vom „blauen" Allgäu die Rede.

Neben dem Getreideanbau auf Hafer, Dinkel und Gerste, der bis in die Neuzeit hinein zu den hauptsächlichen Erwerbsquellen des Bauern gehörte, und der Jungviehaufzucht, wurde auf vielen Feldern Lein ausgesät. Der Flachsanbau war ein elementarer Bestandteil der oberdeutschen Leinwand- und Barchentweberei im Mittelalter. In den meisten Häusern wurde in den langen Wintermonaten Flachs gehechelt und versponnen.
Mit ihren blauen Blüten wirkten die Leinfelder landschaftsbestimmend, Dichter besangen das „blaue Allgäu".
Als nach der Erfindung des mechanischen Webstuhls, vor allem aber infolge der Anfang des 19. Jahrhunderts aufkommenden Baumwollimporte, der Flachspreis rapide fiel, waren die Allgäuer Bauern mit ihrem Flachs nicht mehr konkurrenzfähig. Es traf sich sehr glücklich, daß gerade in dieser Zeit eine Innovation in der Milchverarbeitung das Allgäu erreichte, die den Landwirten aus ihrer Not helfen sollte.

Zwar wurden im Allgäu schon seit Menschengedenken die traditionellen Milchprodukte Butter und Käse erzeugt, jedoch kam der Milchwirtschaft keine dominierende Stellung zu. Käse – es handelte sich noch ausschließlich um Frischkäse – und Butter waren nur beschränkt transport- und lagerfähig und dienten daher bis ins 18. Jahrhundert nur der Eigenversorgung der bäuerlichen Bevölkerung. Im Mittelpunkt stand vielmehr bis ins 19. Jahrhundert hinein die Jungviehzucht.
1821 nun ließ sich der Käsehändler Joseph Aurel Stadler aus Staufen zwei Sennen aus dem schweizerischen Emmental kommen, um sich mit der Technik der Rundkäseherstellung vertraut zu machen. Dies sollte sich als ein bedeutender Impuls für die Landwirtschaft der folgenden Jahrzehnte erweisen. Die Emmentalerkäserei führte zu einem Aufblühen der Milchwirtschaft. Anstelle der alten Jungviehaufzucht gewann die Alpkäserei immer mehr an Bedeutung. Galtalpen wurden in Sennalpen umgewandelt. Ende des vorigen Jahrhunderts erfuhr diese Aufwärtsentwicklung eine weitere Unterstützung. Die Erfindung des lagerfähigen Weichkäses (Limburger), sowie des Camembert festigten die zunehmende Bedeutung der Milchwirtschaft. Landschaftlicher Ausdruck dieses Vorganges war die Umwandlung von Äckern in Wiesen und Weiden. Die „Vergrünlandung" des Allgäus resultiert aus den geschilderten Umständen. Nach dem Ersten Weltkrieg gab es im Allgäu in der Verteilung der landwirtschaftlichen Nutzfläche kaum noch nennenswerte Ackerflächen.

Entwicklung des Dauergrünlandanteils in % der landwirtschaftlichen Nutzfläche („Vergrünlandung")

Landkreise (vor der Gebietsreform)	1883	1927	1968
Füssen	98,7	95,4	97,0
Kempten	59,9	90,5	98,0
Lindau	64,2	95,4	96,0
Marktoberdorf	64,1	82,6	92,0
Sonthofen	93,9	99,4	99,9

Auch in der Alpwirtschaft des Allgäus haben sich diese Entwicklungen niedergeschlagen. Die Alpwirtschaft im Allgäu hat räumlich betrachtet ihren Schwerpunkt im Gebiet des alten Landkreises Sonthofen, der in etwa der Fläche des heutigen Landkreises Oberallgäu entspricht. Rund 560 (= 80 %) der insgesamt fast 700 Alpen im Allgäu liegen im Landkreis Sonthofen. Interessanterweise hat sich seit dem Kriegsende die Alpzahl sowohl im Sonthofer Raum als auch im Allgäu insgesamt um rund 50 erhöht. Rund 400 Alpen des Sonthofener Landkreises befinden sich in Privatbesitz, ca. 140 sind als Genossenschaftsalpen zu bezeichnen und der Rest gehört einzelnen Gemeinden oder dem Bayerischen Staat.

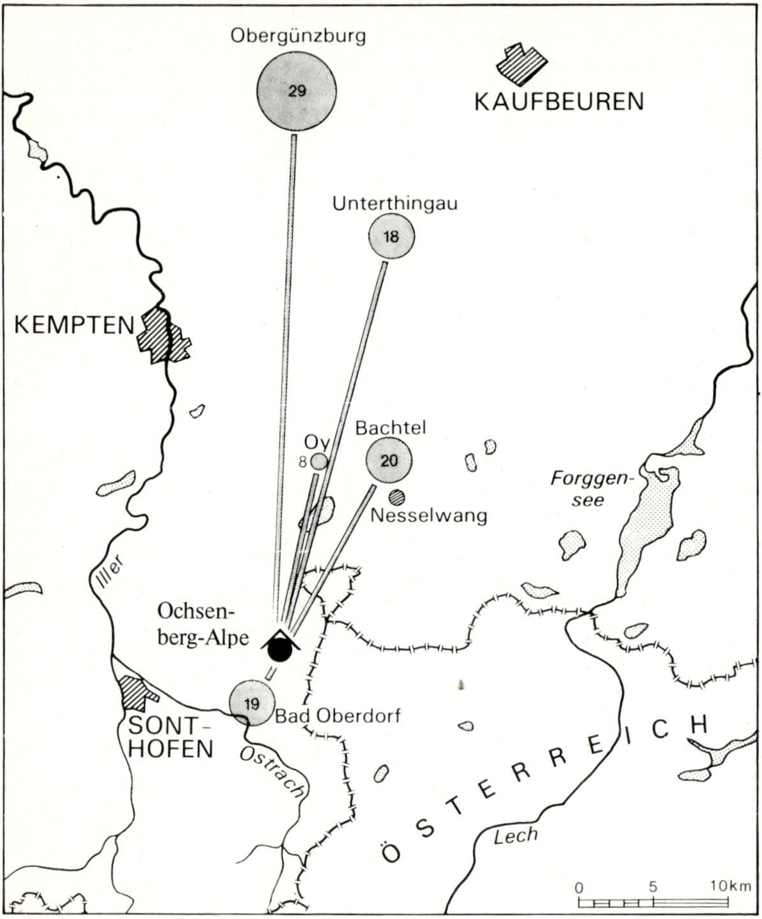

(Die Ziffern geben die Stückzahl des Pensionsviehs an)

Einzugsgebiet der Ochsenberg-Alpe (Oberjoch)

Wenden wir uns nun den heutigen Verhältnissen auf den Oberjocher- und Hintersteiner Alpen zu (vgl. Tabellen auf S. 66 ff.). Ende der 60er Jahre besaßen die Hintersteiner Bauern etwa 50 Stück Vieh, was angesichts der damals rund 1650 Rinder auf den Hintersteiner Alpen recht wenig war. Schon von jeher gab es in Hinterstein auf dem steinigen Boden der Talterrassen Probleme bei der Heugewinnung, so daß die Winterfutterbasis der Talgüter nur für relativ wenig Kühe ausreichte. Also trieben

Foto: Borsdorf

Der Hinterbachhof auf dem Willersbach-Schwemmfächer

Foto: Borsdorf

Bank und Marterl laden zu Rast und Besinnung

auch Bauern aus dem unteren Ostrachtal ihr Vieh auf die Hintersteiner Alpen. Heute aber stammen die meisten Tiere, die im Sommer auf den Hintersteiner Hochweiden stehen, nicht mehr aus dem Ostrachtal, sie werden vielmehr von weit entfernten Höfen mit Viehtransportern – meist aus dem Unterallgäu – nach Hinterstein gefahren und von dort aus, sozusagen pensionsweise, zur Sömmerung auf die Alpen getrieben. Die Abbildung auf Seite 60 zeigt den Einzugsbereich der Ochsenberg-Alpe bei Oberjoch, der sich bis in den Kemptener Raum erstreckt.
Mit der Ausweitung des Einzugsbereichs der Alpen ging auch ein wichtiger Wandel der Viehart und Nutzungsform einher. Wurde auf vielen Alpen noch bis in die Nachkriegszeit hinein die Milch an Ort und Stelle verarbeitet, so ist dieser Produktionszweig heute in den meisten Fällen aufgegeben worden. Auf den Hintersteiner Alpen findet sich jetzt fast nur noch Galtvieh. Als solches werden alle Rinder bezeichnet, die keine Milch geben, also Jungvieh, Ochsen und Bullen.
Der Wandel vom Sennalpen-Betrieb (mit Milchverarbeitung) zur Galtviehbeweidung ist eine Reaktion auf die veränderte agrarpolitische Situation der Allgäuer Landwirtschaft. Die Milchverarbeitung konzentriert sich immer mehr auf die Großmolkereien des Unterallgäu und zwang die dortigen Bauern zur Anpassung. Die Preisentwicklung und eine Politik des „wachse oder weiche" ließ diese Höfe expandieren, wobei die Alpen willkommene Reserveweideflächen für die Jungviehaufzucht darstellten. Andererseits ging im Oberallgäu die Landwirtschaft zugunsten des Fremdenverkehrs zurück, so daß die Alpen mit Bergvieh weniger beschlagen wurden.
Die Abkehr von der Sennalpe ist aber auch eine Folge der Entwicklung der Personalkosten. Rechnet man auf einer Kuhalpe einen Hirten auf 25 Kühe, so vermag auf einer Galtalpe ein Hirt 200 Rinder zu betreuen. Mit anderen Worten: die Personalkosten auf einer Sennalpe sind achtmal höher als auf einer Galtalpe. Heute werden die Hintersteiner Alpen von einem Oberalpmeister, fünf Hütern und sieben Tagwerkern betreut. Den Tagwerkern obliegt dabei die Aufgabe der Instandhaltung der Zäune, des Auf- und Abtriebs kranken Viehs sowie anderer Tätigkeiten.
Wie in andere Bereiche der Landwirtschaft, so hat der Staat auch in die Alpwirtschaft mit Zuschüssen steuernd eingegriffen. Die Bauern, die ihr Vieh auf die Alp geben, müssen dem Alpbetreiber (Eigentümer oder Pächter) Hüte- bzw. Weidegeld sowie ein besonderes „Verrichtgeld" (für Zaunerrichtungen, bauliche Unterhaltungen etc.) bezahlen. Die Bauern bekommen aber ihrerseits einen Zuschuß, der je Großvieheinheit (Tiere älter als 2 Jahre) z. Zt. 200,– DM beträgt, wenn das Rind sich zum Zeitpunkt des Stichtages (15. Juli) auf der Hochweide (Alpe) befindet, oder noch ca. 120,– DM wenn es sich auf der Heimweide befindet. Rinder, die jünger als 2 Jahre sind, werden als 0,6 Großvieheinheiten verrechnet und ergeben einen entsprechend reduzierten Zuschuß (120,– DM bzw. ca. 72,– DM). Der Zuschuß wird zu ⅔ aus EG-Mitteln bezahlt, der Rest vom Staat. Mit diesen Zuschüssen verfolgt die „öffentliche Hand" auch ein allgemeines Interesse: die Bestoßung der Almen ist im landschaftspflegerischen Sinne eine ökologisch nützliche, weil notwendige Kulturmaßnahme.
Der Staffelbetrieb der Alpwirtschaft zeichnet sich durch eine alljährlich wiederkehrende, stufenartige Wanderung des Viehs zum Futter hin aus. Je nach Witterung

wird Anfang Juni das Vieh im heimischen Hof, z. B. im Kemptener Raum, auf den Viehtransporter geladen und nach Hinterstein gefahren. Zunächst kommt es auf die „Vorsäße" (z. B. Weiden im Talgrund des Hintersteiner Tales um den Vorderen Erzberghof), von wo es nach 2–3 Wochen, je nach Wettersituation, auf die 2. Stufe (z. B. Taufers-Alpe, um 1400 m) hinaufgetrieben wird. Schließlich, Anfang bis Mitte Juni wandert das Vieh nochmals eine Stufe höher, hinauf auf die Hochalpe z. B. Schreckseegebiet 1800–2000 m), wo es bis in die 2. Augusthälfte bleibt. Dann kehrt sich der Zug um: über eine kurze Weide auf der Taufers-Alpe geht es zurück zur Vorsässe, die jetzt Herbstweide genannt wird. Am 11. September, beim großen „Viehscheid", wird, sofern sich keine Unglücke ereignet haben, das Vieh geschmückt – auch die Hirten kleiden sich in ihrer Tracht (Lederhose etc.) und nach Hindelang abgetrieben. Im Laufe der Jahre hat sich der Viehscheid zu einem großen volksfestartigen Spektakel ausgewachsen, das mehrere Zehntausend Zuschauer aus nah und fern anlockt. Ein kleiner Teil des Viehs, meist der Bauern aus der näheren Umgebung, verbleibt auf der Herbstweide noch bis Ende September. Manche der Hirten und Bauern finden den Winter über im Wintersportverkehr einen willkommenen Zuverdienst.

Farbabbildung rechts: Jungvieh auf der Weide

Foto: Kaufmann

STRUKTURDATEN DER OBERJOCHER UND HINTERSTEINER ALPEN

Name	Lage	Größe in ha	Typ	Besitzer
OBERJOCH				
Gund-Alpe	Südöstlich des Ortes, am Nordabhang des Iseler, Alpgebäude 1252 m, Alpfläche 1180–1550 m	88,6	G	4 Bauern aus Tiefenbach und Hindelang
Vordere Wiedhag-Alpe	Südöstlich des Ortes, am Nord-Abhang des Iseler, südöstlich der Gund-Alpe, Alpgebäude 1425 m Alpfläche 1250–1550 m	96,6	G	„Untere Ortsgemeinde Hindelang“
Hintere Wiedhag-Alpe	östlich des Ortes, am Nordabfall des Kühgundrückens Alpgebäude 1335 m, Alpfläche 1260–1500 m	88,0	G	„Obere Ortsgemeinde Hindelang“
Ochsenberg-Alpe	Südwestlich des Ortes, Nordhang des Palmenberges, Alpgebäude des Hochlägers (Obere Ochsenberg-Alpe) 1407 m, Alpgebäude des Niederlägers (früher: Gsend-Alpe, auch Untere Ochsenberg-Alpe) 1145 m, Alpfläche 1130–1500 m	200,5	GM	Bad Oberdorf
Hirsch-Alpe	Nordwestlich des Ortes, am Südosthang des Spieser	229,8	G	„Obere und Untere Ortsgemeinde Hindelang“
Kematsried-Alpe	Nordöstlich des Ortes Alpgebäude 1157 m, Alpfläche 1140–1420 m	26	P	Hindelanger Bürger
Ahornet-Alpe	Nördlich des Ortes, am Südhang des Jochschrofen (Ornach), Alpfläche 1500–1650 m	ca. 55	G	Wald- und Weidegen. Oberjoch
HINTERSTEIN				
Zipfels-Alpe	Nordöstlich von Hinterstein, südlich des Iseler Berges, Alpgebäude 1526 m, Alpfläche 1450–1800 m	222,6 davon We 166 Wa 5 Öd 50	G	Genossenschaft Bauern aus dem Sonthofener Raum

Abkürzungen: G = Genossenschaftsalpe P = Privatalpe GM = Gemeindealpe

Beschlag	Geschichte / Sonstige Bemerkungen
25 Jungvieh, 16 Kühe 1910: 28 Kühe	1553 erstmals erwähnt, von 1785–1808 ständig bewohnter Einöd-Hof (Dauersiedlung), 1858 Sennalpe mit 249 Morgen Fläche für 25 Kühe. FV – Sommer: Tagesgäste, Milchabgabe an Touristen. Winter: Gästeübernachtungen, liegt im Pistengebiet der Iselerabfahrt.
Im Staffelbetrieb mit Hirsch-Alpe s. dort	1449 erstmals erwähnt („der Winthag"), 1858 werden Vordere und Hintere Wiedhag-Alpe angeführt. 1959 in Bewirtschaftung mit Hirsch-Alpe, Name als Hinweis auf ehem. Windschutzvorrichtungen gegen Schneeverwehungen entlang des alten Weges nach Schattwald. FV – Winter: Skilift, Gästeübernachtungen in der Alphütte.
Ca. 45 Jungvieh 1910: 38 Kühe	siehe Vordere Wiedhag-Alpe
100 Jungvieh, 1 Kuh 1910: 40 Kühe	Gsend-Alpe: 1787 „in dem Gesendt". Name „Gsend" leitet sich von „Sand" her und steht im Zusammenhang mit den Sandsteinen des Flysch, 1910 mit Ochsenberg-Alpe vereinigt. Ochsenberg-Alpe: Erste Erwähnung 1832? FV – Sommer- und Wintergäste im Niederläger.
140 Jungvieh, 3 Kühe 1910: 52 Kühe	1436 erstmals erwähnt („Alb Hirsperg"), 1959 gemeinsame Bewirtschaftung mit der Vorderen Wiedhag-Alpe FV – Restauration, Tagesausflügler, keine Übernachtungsmöglichkeit.
12 Jungvieh, 3 Kühe 1910: 24 Kühe	Erstmals erwähnt 1435 („. . . . unter dem Krämetzried"), noch 1818 ständig bewohnter Einödhof (Dauersiedlung), seit 1949 im Winter an einen Skiclub vermietet. FV – Restauration, Tagesausflügler, 29 Betten, Milchabgabe an Touristen
39 Jungvieh, 6 Kühe	Junge Alpe, 1974 Antrag an das Bayerische Staatsministerium für Ernährung und Forsten
Zwischen 210 und 215 Rinder vorw. aus dem Kemptener Raum	1451 erstmals erwähnt als „Zipflesalb", „Zipfel" bedeutet so viel wie vorspringender Streifen; bis nach dem Zweiten Weltkrieg noch Sennalpe; heute Galtalpe. FV – Möglichkeit zur Einkehr (Bewirtung, aber keine Übernachtungen).

We = Weide Wa = Wald Öd = Ödland FV = Fremdenverkehr

Name	Lage	Größe in ha	Typ	Besitzer
Willers-Alpe	Südöstlich von Hinterstein, südlich von Ponten und Bschießer, Alpgebäude 1456 m, Alpfläche 1300–1900 m	306,3 davon We 131 Wa 37 Öd 138	P	Privatbesitz Haus Wittelsbach
Taufers-Alpe	Südöstlich von Hinterstein, Zugang über E-Werk im Hintersteiner Tal, Alpgebäude 1338 m, Alpfläche 950–1900 m	472,6	P	Privatbesitz Haus Wittelsbach
Erzberg-Alpe	Im hinteren Hintersteiner Tal, sowie zwischen Roßkopf und Lahner Kopf, Alpgebäude Niederläger: Vord. Erzberghof ca. 1020 m, Hinterer Erzberghof 1045 m Hochläger: Mitterhof 1402 m, Schienen 1609 m, Sattelhütte 1714 m, Alpfläche 900–1800 m	731,2 davon We 314 Wa 95 Öd 322	G	Genossenschaft
Bärgündele-Alpe	Südlich des Giebelhauses im Bärgündeles Tal, nordwestlich des Prinz-Luitpold-Hauses, Alpgebäude: Unt. Bärgündele 1310 m, Ob. Bärgündele 1476 m, Alpfläche 1100–1850 m	487 davon We 193 Wa 9 Öd 285	P	Privatbesitz Haus Wittelsbach, verpachtet
Kuh- und Stierbach-Alpe	Bärgündelestal, früherer gem. Name dieser beiden Alp-Bezirke war Bachalpe, Alpfläche 1130–1850 m	789,8 davon We 480 Wa 10 Öd 300	G	Genossenschaft
Wengen-Alpe	Westlich des Giebelhauses, im Obertal, Alpgebäude: Niederläger 1290 m, Hochläger (Doismen-Alpe, Hütte vor ca. 15 Jahren eingefallen) 1679 m Alpfläche 1200–2000 m	345,2 davon We 251 Wa 16 Öd 78	G	Genossenschaft
Laufbichl-Alpe	Westlich des Giebelhauses, im Obertal, Alpgebäude 1200 m, Alpfläche 1150–2280 m	308,1 davon We 245 Wa 19 Öd 34	G	Genossenschaft

Für freundliche Auskünfte über die Hintersteiner Alpen sei

Beschlag	Geschichte / Sonstige Bemerkungen
Ca. 95–100 Rinder, davon ca. 80 Jungvieh (Mischalpe)	Um 1500 taucht der Name „Wilhorn" erstmals auf, 1582 dann „Willers Alb"; bis nach dem Zweiten Weltkrieg Sennalpe, heute Galtalpe; gemeinsam mit der Willers-Alpe wird die östlich gelegene Feld-Alpe (nicht zu verwechseln mit der gleichnamigen Alpe im Bärgündelestal) und das südlich in Sichtweite liegende Älpele bewirtschaftet.
Siehe Erzberg-Alpe	Um 1550 wird die „Taufats-Alb" erwähnt, im 18 Jahrh. teilweise im Besitz des Hochstiftes Augsburg, mind. seit 1952 Galtalpe. Der Name ist abzuleiten vom Sammelbegriff „tufach" für Krummkiefer, wird heute mitbewirtschaftet von der Erzberg-Alpe, und zwar die Untere Taufers-Alpe von der Mittleren Erzberg-Alpe aus. Die Obere Taufers-Alpe (Bereich um den Schrecksee), wird heute nicht mehr bewirtschaftet.
Rund 225 Rinder (incl. Taufers-Alpe)	1426 findet sich mit der Bezeichnung „Ertzberg" schon der erste Hinweis auf den mittelalterlichen Erzbergbau, 1484 wird von der Einrichtung einer Erzgrube durch den Grafen Hugo d. Ä. von Montfort berichtet, 1460 auch eine „Alb Ärtzberg". Der Bergbau wurde im 17. Jahrh. aufgegeben. Auf der Erzberg-Alpe (schon seit 1860 eine Galtalpe) weideten ehemals auch Pferde.
Zusammen bewirtschaftet mit Kuhbach- und Stierbach-Alpe	1579 Alpe „Bergüntle", bis nach dem Zweiten Weltkrieg Sennalpe.
460 Rinder, gemeinsam mit Bärgündele-Alpe bewirtschaftet	1531 die „alb im Bach", bald darauf und bis ins 18. Jahrh. im Besitz der Stadt Kempten, 1860 bzw. 1910 wird die Bach-Alpe in zwei Bereiche (Kuhbach- und Stierbach-Alpe) aufgeteilt.
200 Jungvieh (Galtalpe)	1506 „in der alb genant Wengen . . .", im 16. Jahrh. im Besitz des Kemptener Stiftes, bald darauf Genossenschaftsalpe; bis nach dem Zweiten Weltkrieg Sennalpe.
52 Kühe, 4 Rinder, 1 Stier (Mischalpe), obere Weidebereiche werden von der Wengen-Alpe aus bewirtschaftet	1424/33 „alb zum Lohbühel", im Besitz des Hochstiftes Augsburg, später Alpgenossenschaft. Der Name wird gedeutet als „mit Lauch bewachsener Hügel" (DERTSCH). FV – Skihütte der Naturfreunde.

Herrn Oberalpmeister Hans Bellot, Hindelang-Bad Oberdorf, herzlich gedankt.

Name	Lage	Größe in ha	Typ	Besitzer
Kuhplatten-Alpe	Westlich des Giebelhauses, im Obertal, umfaßt mehrere Alpteile: Vorsäßhütte 1156 m (beim Obertalbach), Plättele-Alpe (Gebäude: 1350 m), Kuhplatten-Alpe (Gebäude 1493 m), Alpfläche 1130–1850 m	321,7 davon We 242 Wa 4 Öd 76	G	Genossenschaft
Engeratsgund-Alpe	Zwei Teilalpen: a) Kuhengeratsgund-Alpe und b) Stierengeratsgund-Alpe, nordwestlich des Giebelhauses, Zugang vom Obertal aus, Alpgebäude: Engeratsgundhof 1156 m, Käserhütte 1400 m, Alpgebiet: Kuhengeratsgund (aufgelassen?) 1356 m, Gundleshütte 1621 m, Alpfläche: 1030–1600 m, Stierengeratsgund 1130–1900 m	a) 69,8 b) 308,9 davon We 169 Wa 12 Öd 128	a) G b) P	a) Genossenschaft b) Haus Wittelsbach (Stierengeratsgund-Alpe)
Eck-Alpe	Südwestlich von Hinterstein, im Einzugsbereich des Eckbaches, Alpgebäude 1447 m, Wiesloher Hütte 1644 m, Alpfläche 1440–1700 m	268,5 davon We 110,5 Wa 20 Öd 138	P	Haus Wittelsbach
Älpe-Alpe	Südwestlich von Hinterstein, zwei Alphütten: Obere Hütte 1499 m, Untere Hütte 1308 m, Alpfläche 1100–2000 m	138,2 davon We 71 Wa 20 Öd 47	P P	Haus Wittelsbach
Mösle-Alpe	Südlich von Hinterstein, westlich oberhalb der Aueles-Schlucht Alpgebäude 1134 m, Alphütte auf 1457 m, Alpfläche 1050–1900 m	356,3 davon We 95 Wa 120 Öd 141	P	Haus Wittelsbach
Nicken-Alpe	Südlich von Hinterstein, im Einzugsbereich des Tosenbaches, Alpgebäude: Unt. Hütte 1305 m, Hütte 1554 m, Ob. Hütte 1802 m, Alpfläche bis 1900 m, zusammengehörig mit Mösle-Alpe	zus. mit Mösle-Alpe 356,3 s. dort	P	Haus Wittelsbach bach
Horn-Alpe	Südlich von Bad Oberdorf, Alpgebäude 1222 m, Alpfläche 1150–1300 m	68,9 davon We 39 Wa 29	G	Obere Wald- und Weidegen. Hindelang

Beschlag	Geschichte / Sonstige Anmerkungen
Ca. 205 Rinder	1426 „Alb Underplatt“, „Alb Oberplatt“, ehem. Augsburgischer Besitz (Hochstift), im 19. Jahrh. Genossenschaftsalpe.
32 Kühe (?)	1409 „alb diu genant ist der Engerharzgund“. Die Bezeichnung leitet sich von einem Personennamen („Engelhart“) ab; Kühengeratsgund-Alpe dient als Vorweide.
Wird gemeinsam mit Älple-Alpe bewirtschaftet	1424/29 „alb die Egg“, Besitz des Hochstiftes Augsburg, 1775 Umwandlung in eine Genossenschaft von Hintersteiner und Oberdorfer Bauern nach dem Zweiten Weltkrieg Galtalpe, kein Viehbestand. Der Name „Eck“ ist als Bezeichnung eines Bergrückens zu verstehen, später auch als Bezeichnung für Gipfel.
Zusammen mit Eck-Alpe 160 Rinder, Galtalpe	1532 erste Namensnennung „Elpo“, später „Elpen“, bis nach dem Zweiten Weltkrieg Sennalpe
Ca. 90 Stück Vieh	1553 „Möslin“, bis zum Beginn des 19. Jahrh. ein bewohnter Einödhof, seit 1858 zusammen bewirtschaftet mit Nicken-Alpe, heute Galtalpe; man nimmt an, daß ehemals die heutige Alphütte die eigentliche Alp zum Talgut des Hofes darstellte; Name „Mösle“ zu verstehen als kleines Moos (anmooriges Gelände).
Siehe Mösle-Alpe	1452 „Iggenalb“, Iggen ist als Verstümmelung von Niggen bzw. Nicken zu werten. „Nigg“ gilt als Kurzform des Personennamens Nikolaus; weitere Herkunft unbekannt.
Ca. 40 Rinder	1858 wird die Sennalpe mit der Bezeichnung „Horn“ angeführt- „Horn“ ist als allgemeine Umschreibung für Gipfel bzw. Bergspitze zu verstehen (z. B. Imberger Horn). FV – Alpgelände erschlossen durch den Sessellift auf das Imberger Horn.

Die steile Karriere eines Bergdorfes – Strukturwandel und Raumordnungsprobleme in den Allgäuer Bergen

Dem Besucher des südlichen Allgäus wird bei einem einmaligen Besuch in der herrlichen Alpenwelt oft nicht bewußt, daß er Zeuge eines sehr dynamischen Umstrukturierungsprozesses ist, im Zuge dessen eben diese Bergnatur immer mehr zu verschwinden droht. Wer dagegen die Alpen häufig aufsucht, um hier Entspannung und Erholung zu finden, wird angesichts der in Jahresfrist immer wieder zu beobachtenden Ausbauten doch vielleicht schon nachdenklich gefragt haben, ob nicht die Alpen – bisher Inbegriff einer gesunden Umwelt – nicht durch Massentourismus, Zersiedlung und Landschaftszerstörung ernstlich bedroht sind. „Erst geht die Kuh, dann geht der Gast – wen soll man da noch melken?“ hat der Umweltautor Horst Stern schon vor einigen Jahren gefragt. Wie berechtigt ist die Sorge, die sich hinter dieser pointierten Äußerung verbirgt?
Der zügig ablaufende Strukturwandel ist am Beispiel der Allgäuer Landwirtschaft im vorigen Kapitel dargestellt worden. Im folgenden soll die räumliche Dynamik zunächst am Beispiel der Siedlungsentwicklung Oberjochs aufgezeigt werden, um schließlich zu übergreifenden ökologischen und raumordnerischen Problemen im Alpenraum zu führen.
Bis Ende des 19. Jahrhunderts hatte Oberjoch seine größte Ausdehnung als Bergbauerndorf erreicht. Der Ort, mit damals 21 Häusern mehr ein Weiler als ein Dorf, bestand aus 13 landwirtschaftlichen Anwesen, hinzu traten Salzstadel, Zollhaus, Straßenwärterhaus, Kirche und drei Nagelschmieden.

Die vorherrschende Hausform in diesem Bauerndorf war das Allgäuer Berghaus, als Sonderform des Allgäuer Hauses eine der Landesnatur und der Wirtschaftsweise besonders gut angepaßte Bauernhausform. Heute finden sich nur noch zwei Zeugen dieses einst so landschaftsprägenden Hauses in Oberjoch; in Bad Oberdorf, Unterjoch oder Hinterstein allerdings können noch sehr schöne alte Häuser bewundert werden, die dem Prototyp noch völlig entsprechen oder aber die eine oder andere Abwandlung zeigen. Auch das Studium der alten Hauspersönlichkeiten kann ein aufschlußreicher Zeitvertreib an einem verregneten Urlaubstag sein!
Nun aber zur Urform des Allgäuer Hauses und seiner Variation im Gebirge. Gemeinsam ist den Häusern der sog. Wetterschirm und das flache, max. 25 Grad geneigte Satteldach. Der zum Wetter, d. h. nach Westen gerichtete Giebel des Hauses ist durchgehend holzverkleidet und ohne Öffnung. Dieser Wetterschirm bot gegen Regen, Hagel und Schnee den besten Schutz. Das Dach war ursprünglich mit Holzschindeln eingedeckt, heute ist durchweg verzinktes Flachblech an ihre Stelle getreten, das nach ein bis zwei Jahren (nach erfolgter Anwitterung) rot gestrichen

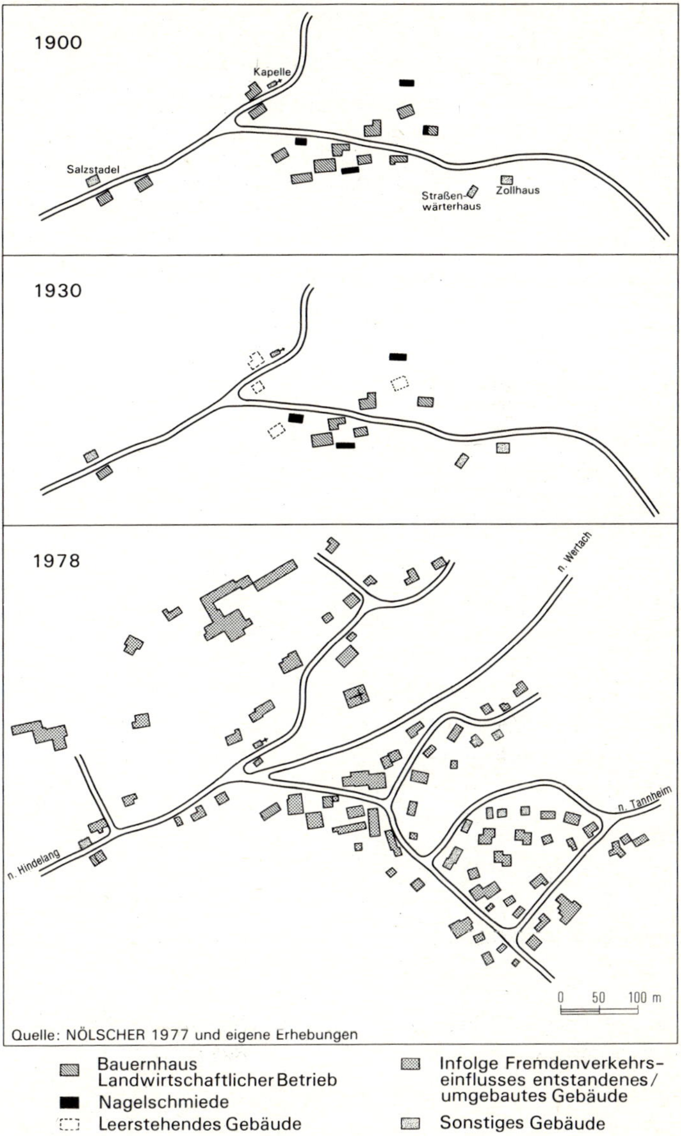

Bauliche Entwicklung Oberjochs 1900–1978

Allgäuer Haus

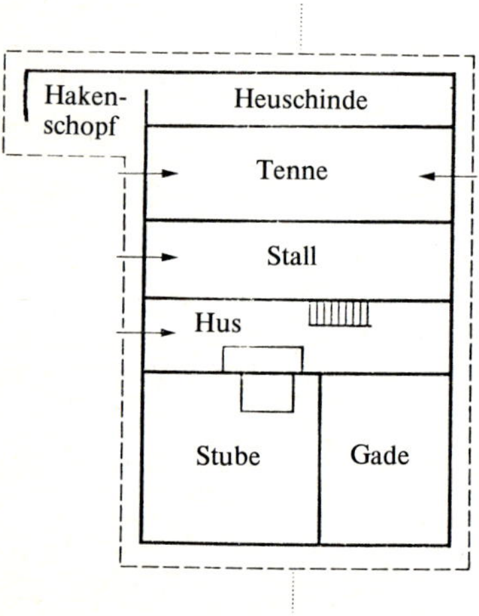

Grundriß des Oberallgäu- und des Unterallgäu-Hauses

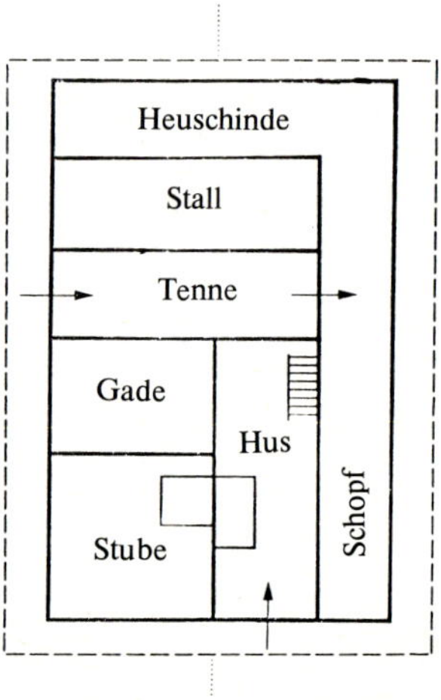

Grundriß des Gebirgs- und des Randhauses

Bauernhausformen im Allgäu (nach BUCHMÜLLER 1982)

wird. Bei der flachen Dachneigung bleibt der Schnee lange auf dem Dach liegen und trägt somit zur Wärmeisolierung bei.
Im Grundrißbild der Häuser erkennen wir zwei Grundformen. Das Berghaus wird längs aufgeschlossen. Die Haustür und ein Schopfeingang liegen dabei an der Frontseite. Die Haustür öffnet sich zum „Hus", wie der Küchenflur im Allgäu genannt wird. An der Wandseite befindet sich dort die offene Herdstelle. Im hinteren Teil führt eine Stiege ins Obergeschoß und damit in die Oberstube und eine Kammer. Über eine Leiter oder Stiege erreicht man dann den sehr flachen Dachboden, der vor allem zum Ausbreiten und Trocknen der Leinsamenkapseln (Bollen) diente. Der Boden wird daher auch „Bollendörre" genannt.
Vom „Hus" aus gelangt man über eine Falltüre auch in den Käskeller, in dem der Käse verarbeitet und zur Reife gebracht wurde. Manchmal hat der Keller noch einen zweiten Raum, die „Webertunke", in dem der Webstuhl stand. Neben der meist quadratischen Stube mit dem Herrgottswinkel liegt der „Ehgaden", das Schlafzimmer des Allgäuer Bauern.

Mit der Umstellung von der Flachs- auf die Viehwirtschaft wurden Veränderungen des Haustyps nötig. Die Bauern benötigten nun mehr Stauraum. Oft wurde das Dach nachträglich erhöht und zum Heustock umgestaltet, erreichbar über eine am Hintergiebel aufgeschüttete Hofeinfahrt oder durch einen gewinkelten Anbau, die „Wiederkehr". Vielfach wurde das Haus nun auch im Sinne des Oberallgäuer Hauses geteilt.
Die Häuser sind ursprünglich reine Holzhäuser, meist Blockbauten. Fachwerk kam frühestens im 18. Jahrhundert auf. Die Ausfachung geschah dann mit Blockwänden, mit Geröllmauerung oder mit Torf. Die heute altertümlich anmutende Verschindelung wurde erst Ende des 19. Jahrhunderts modern.

Der Weiler Oberjoch hatte sich vor allem auf agrarischer Grundlage entwickelt. Die Siedler kamen wohl bereits seit dem 15. Jahrhundert aus dem Ostrachtal hinauf und waren alemannischer Abstammung. Als solche bevorzugten sie die geschlossene Gruppensiedlung, fanden aber eine Straße (den römischen Saumpfad) als Leitlinie vor, so daß der alte Ort eine langgezogene, etwas offene Gestalt erhielt.

Die Alemannen versuchten zwar immer, möglichst autarke Hofwirtschaften zu gründen, doch wird die Eigenversorgung in Oberjoch nie ganz möglich gewesen sein. Dagegen sprechen die Höhenlage über der Höhengrenze des Getreideanbaus (in den nördlichen Kalkalpen bei ca. 1 000 m), die ungünstigen Bodenverhältnisse im Talbereich (bei geringem Gefälle vernäßte und damit saure Böden) und die ungünstigen klimatischen Bedingungen (infolge der Ost-West-Erstreckung des Jochpasses eine langwährende, mächtige Schneedecke). Die natürlichen Voraussetzungen gestatteten also nur eine bescheidene Viehwirtschaft, deren Erträge durch Nebenerwerb aufgebessert werden mußten. Gelegenheit boten das Naglerhandwerk, die Straße (Berherbergung der Fuhrleute, Roßfütterung) und die Leinenweberei (Flachsanbau im Ostrachtal).

Foto: Borsdorf

Oberjoch mit neuer Umgehungsstraße und Hochmoor

Mit Beginn des 20. Jahrhunderts verschlechterten sich die Existenzbedingungen der Oberjocher rapide. Die Verkehrserschließung des Allgäus durch Eisenbahnlinien brachte die Auflösung der Selbstversorgung mit sich. Die Ostrachtaler Bauern konnten nun Getreide- und Hackfrüchte billiger kaufen als anbauen. Das Ostrachtal, das in der ersten Hälfte des 19. Jahrhunderts schon den Flachsanbau aufgegeben hatte, stellte jetzt völlig auf die rentablere Grünlandwirtschaft um. Diese Umstellung war in Oberjoch jedoch nicht nötig oder möglich, da hier die Bauern ohnehin nur Viehwirtschaft betrieben hatten. Sie standen nun im Vergleich mit den Talbauern noch schlechter da.

Auch an einer zweiten Innovation, die den Talbauern neue Vorteile brachte, konnten die Oberjocher nicht teilhaben, nämlich der Rundkäseherstellung. Der Grund liegt in der hohen Milchmenge. Die Oberjocher Bauern konnten aber infolge der natürlichen Voraussetzungen nur wenige Kühe halten und brachten daher diese Milchmenge nicht auf.
Da schließlich der Nebenerwerb in den Nagelschmieden, die vor allem Nägel für Bergschuhe herstellten, durch die Einführung der Noppengummi-Schuhsohlen um 1920 gänzlich zum Erliegen kam, entschlossen sich viele Oberjocher zur Abwanderung. Nur sieben landwirtschaftliche Anwesen verzeichnet daher die Karte von 1930 (Seite 73).

Foto: Eck

Oberjoch

Einen neuen Impuls gab dann in den 30er Jahren die Entwicklung des Fremdenverkehrs. Er setzte trotz des Ausbaus der Jochstraße 1895–1900 in Oberjoch erst 1932 ein. Anders als im übrigen Alpengebiet, wo der Fremdenverkehr als Bädertourismus schon seit dem 18. Jahrhundert und dann als Alpinismus und Sommerfrischenverkehr zum Ende des 19. Jahrhunderts begann, setzte in Oberjoch der Fremdenverkehr gleich in seiner damals modernsten Form, dem Wintersporttourismus, ein. 1932 baute ein Münchner Verleger das Hotel Ingeburg, nach dem Alpengasthof Löwen (aus der Salzstraßenzeit) und dem Hochpaßhaus (1927/28) die dritte Übernachtungsstätte im Ort.
Der Münchner Verleger, selbst engagierter Skisportler, hatte somit die gleiche Idee wie vier Jahre vor ihm der sportbegeisterte General Reichenau, unter dessen Regie das Berghaus Iseler für eine Ulmer Nachrichteneinheit erbaut wurde. 1934 folgte das Reichsarbeitsdienstlager an der Straße nach Unterjoch (heute: Versehrtensportheim), 1937 die Polizeiskischule (heute Kinderheim), 1938 das Café Lanig.

Oberjoch wuchs nun fast ausschließlich für den Fremdenverkehr weiter, es entstanden an der Straße mehrere Geschäfte, Gästehäuser, Pensionen. Das Zentrum bildete sich damals am Gasthof Löwen heraus. Hier wurde ein Lebensmittelgeschäft eröffnet, der Gasthof erhielt einen neuen Osttrakt, im ehemals bäuerlichen Anwesen Nr. 9 wurde eine Skiwerkstätte betrieben.

Von der Einweihung des Iseler-Skiliftes im Jahre 1940 hatte man sich einen weiteren Aufschwung des Ortes erhofft, doch machte der Zweite Weltkrieg vorläufig einen Strich durch die Rechnung. Nach 1945 wurde Oberjoch aber zügig weiter erschlossen, wobei der Ortskern verdichtet und die peripheren Gebiete überbaut wurden. Neuestes Element der Fremdenverkehrsteilgemeinde sind hierbei die Zweitwohnsitze, die als Ferienwohnungen und Ferienhäuser zum Teil weitervermietet werden. Die Zahl der Ferienwohnungen stieg von 5 im Jahre 1950 auf 88 Mitte der Siebziger Jahre.

Die Entwicklung Oberjochs vom Bergbauerndorf zum Fremdenverkehrsort hat noch nicht zu wirklich faßbaren Schädigungen im Landschaftsbild geführt. Noch gelang es der Gemeinde Hindelang, allzu störende Elemente des Massentourismus innerhalb der Markungsgrenze fernzuhalten. Doch kann sich die Marktgemeinde auf Dauer dem Sog der Fremdenverkehrswirtschaft und dem Massenansturm der Erholungsuchenden entziehen und ihr Idyll am Fuße des Iselers erhalten?

Gut sieben Millionen Menschen wohnen im Alpengebiet, in den stark bevölkerten Industriezonen rund um die Alpen dagegen leben 70 Millionen Menschen. Von all diesen Regionen aus ist das Hochgebirge mit dem Auto in einem halben Tag zu erreichen. Verkehrsplaner tun alles, um durch neue Straßen die Zeit schrumpfen und das Einzugsgebiet erweitern zu lassen.
Dabei bergen die Begleit- und Folgeerscheinungen des Tourismus neben der Zersiedlung und Verdrahtung der Landschaft noch gefährlichere (und versteckte) Bedrohungen in sich:

- Die Zahl der vom Aussterben bedrohten Tier- und Pflanzenarten wächst ständig.
- Im bayerischen Alpengebiet werden jährlich 160 bäuerliche Betriebe aufgelöst (dies entspricht einer landwirtschaftlichen Nutzfläche von jährlich 1 400 ha), die bisher infolge ihrer vorwiegend viehwirtschaftlichen Nutzung Land offenhielten und damit aktive Landschaftspflege betrieben. Die Pflege der aufgegebenen Flächen durch Landschaftspflegetrupps würde derzeit etwa 500,– DM/ha/Jahr kosten.
- Ca. zwei Drittel der Bergwaldfläche ist von Vergreisung und vom Aussterben bedroht, weil die Naturverjüngung unterbleibt – eine Folge der von der Jagdwirtschaft verteidigten, viel zu hohen Wilddichte (zwischen 4 und 8 Schalenwildeinheiten je 100 ha Äsungsfläche).
- Das Wald- und Baumsterben hat beängstigende Ausmaße erreicht. Ganz sicher sind die Hauptverursacher in den entfernten Ballungsräumen zu suchen, es ist aber auch nicht abzuleugnen, daß der in den Alpen selbst auftretende Autoverkehr eine starke Emissionsquelle darstellt.
- Lawinen bedrohen zunehmend Mensch und Siedlung in den Alpen. Drei von vier Lawinen haben ihr Einzugsgebiet innerhalb der ehemaligen, durch Vergreisung zerstörten oder für Skianlagen gerodeten Waldgebiete.

- Der durch den Eingriff des Menschen in vielen Gebieten erheblich gestörte Wasserhaushalt führt zu Unwetterkatastrophen, Hochwassern und zu einer Verstärkung der Bodenerosion.
- Die hektische Betriebsamkeit hat in einzelnen Urlaubsorten der Alpen bereits zu sinkenden Übernachtungszahlen geführt.
- Im bayerischen Alpengebiet entstehen jährlich ca. 8 000 neue Wohnbauten bei stagnierender Bevölkerung – Folge des steuerlich begünstigten Zweitwohnsitzbaus. In einzelnen Orten (Ruhpolding, Wiessee, Rottach-Egern) beträgt ihr Anteil inzwischen 60–70 % der Bausubstanz.

Diese Gefahren müssen von einer verantwortlichen Raumordnungspolitik erkannt und unter Kontrolle gebracht werden, wenn nicht der Alpentourismus wie vor ihm bereits der Mittelmeertourismus an einzelnen Stränden Opfer seines eigenen Erfolges werden soll und der Alpenraum zu einer verdrahteten und zubetonierten „Alpinopolis" von Oberbayern bis Oberitalien verwachsen soll. Auch der Erholungssuchende in den Bergen muß erkennen, daß er Mitverantwortung trägt für die Erhaltung des Naturdenkmals Alpen.

Foto: Kaufmann

Ostrachtal von Hindelang bis Sonthofen

Wandervorschläge

Farbabbildung links: Blick auf den Iseler

Foto: Kaufmann

Foto: Heimhuber

Hindelanger Sesselbahn zur Horn-Alpe

HALBTAGESTOUREN

Tour 1
Hinauf zum „Hausberg" Iseler

Ausgangspunkt: Oberjoch, Talstation der Iseler-Sesselbahn
Wanderzeit: 2 Stunden

Von Oberjoch aus nehmen wir die Iseler-Sesselbahn und gelangen so bequem zur Bergstation auf 1540 m. Der Iselerlift, 1939 von einer Leipziger Firma gebaut und 1940 in Betrieb genommen, gehört neben der schon 1930 erbauten Nebelhornbahn zu den ersten Großliftanlagen im Allgäu. Er wurde inzwischen dreimal erneuert und dabei vom winterlichen Schleppliftbetrieb auf sommerlichen Sesselbahnbetrieb umstellbar gemacht. Wir erkennen deutlich die alten Betonfundamente der ersten Liftanlage unter der Trasse der heutigen Stahlmasten.
Beim Berganschweben können wir bereits erste geographische Beobachtungen machen. Hinter uns bleibt der Ort Oberjoch zurück, seine Lage im Transfluenzbecken des ehemaligen Jochgletschers wird aus der Höhe besonders deutlich, ebenso erkennen wir den Ansatzpunkt der Wildbachschlucht. Das Oberjoch mündet demnach scheinbar als Hängetal in das Ostrachtal (vgl. Seite 18). Dennoch trügt hier der Augenschein. Geographische Untersuchungen haben erwiesen, daß der Ostrachgletscher bei der Einmündung in den Illergletscher rückgestaut wurde und sich daher seine Eismassen einen anderen Ausweg suchen mußten. Das Oberjoch bildete eine solche „Umleitung", wobei die Eismassen des Ostrachgletschers somit teilweise in das Vils- und Lechsystem abflossen, eine zweite Umleitung mit allerdings geringerer Durchlaßkapazität bildete auch der Stuibensattel (Tour 10).
Unter uns liegt der steile Nordhang des Iselers. Seine Steilheit verdankt er einerseits der intensiven Frostsprengung an der ehemaligen „Schwarz-Weiß-Grenze" (S. 19) aber auch der dachziegelartigen Auflage der Iselerschuppe auf der Jochschrofenschuppe (Seite 12). Deutlich erkennen wir im Rückblick auch das Oberjocher Hochmoor, das sich durch seine Braunfärbung markant von den umgebenden sattgrünen Flächen abhebt.
Von der Bergstation führt uns der Weg in etwa 30 Minuten hinauf zum Iselergipfel. Wir haben hier Gelegenheit, einen ersten Kontakt zur Alpenflora zu bekommen. Häufig vertreten sind die Blaue Glockenblume, die Weiße Bergmargerite, der Almrausch, der weite Flächen überzieht und mit seinen hölzernen Stengeln und in Gesellschaft mit den Sphagnum-Torfmoosen den anmoorigen Untergrund

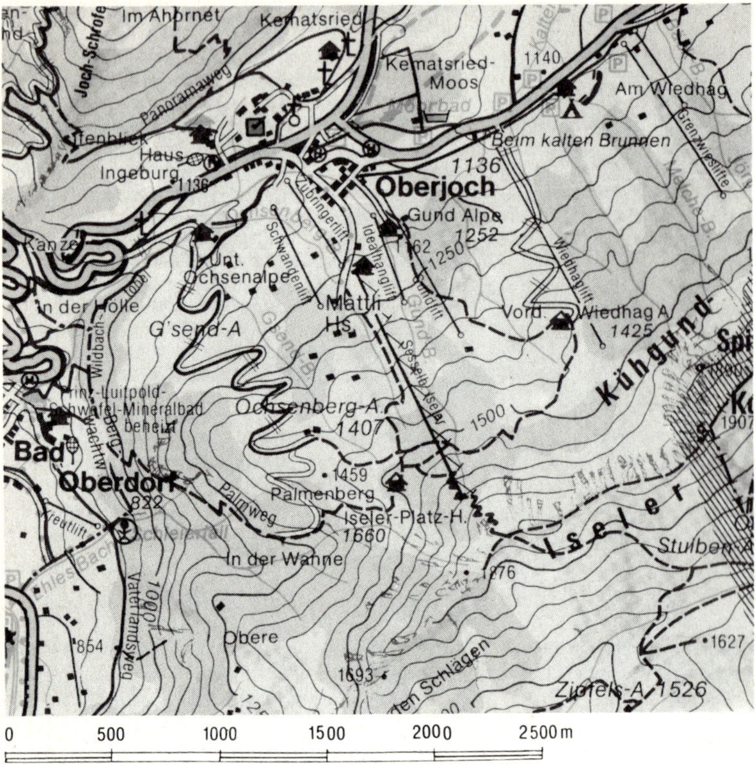

Ausschnitt aus der großen Zumstein-Wanderkarte Nr. 3 „Hindelang – Tannheimer Tal“ 1 : 35 000

anzeigt. Seltener zeigt sich dagegen der Gelbe Enzian und der schöne Blaue Eisenhut, der hier ein wenig an das alte Waffenhandwerk des Ostrachtales zu erinnern scheint. Als typischer Vertreter dieser Lebensgemeinschaft ist auch das Gelbe Sonnenröschen dem kalkhaltigen, nicht tiefgründigen Boden und der Höhenlage am besten angepaßt.

Während wir die Waldgrenze, d. h. die Obergrenze geschlossen auftretender Waldbestände, bereits bei ca. 1 520 m (etwa auf der Höhe der Bergstation) noch überschwebt hatten, bewegen wir uns nun zunächst noch in der ökologischen Kampfzone der Baumarten, die sich auf der Nordseite des Iselers noch bis 1 650 m krüppelwüchsig als Latschen halten können. Oberhalb dieser Baumgrenze ist dann nur noch Graswuchs möglich, hier beginnt die Zone der alpinen Matten, in der sich die höchsten Almen und die Hochläger der Almen befinden. Eine, freilich noch in der Latschenzone gelegene Almhütte, liegt nach Erreichen des Iselergrates in Richtung Süden unter uns: die Zipfels-Alpe (vgl. Tour 7, Seite 116).

Sicher machen wir nach dem steilen Anstieg zum Iselerkamm zunächst eine kurze Rast, bevor die letzten Höhenmeter zum Gipfel bezwungen werden. Wir sollten diese Rast zu einem kleinen Rundblick nutzen. Vor uns nach Süden tut sich die Allgäuer Kette auf, als ersten Gipfel erkennen wir den Bschießer (1999 m), hinter dem sich der Ponten (2 045 m) versteckt. Ganz im Blick haben wir die Kette erst wieder ab Rauhhorn (2240 m), wobei nun alle Gipfel bis zum krönenden Abschluß, dem Hochvogel (2594 m) aufgereiht folgen. Auf der anderen Seite der Ostrach erkennen wir den Breitenberg (1 887 m) mit dem gesicherten Steig über die Hohe Gänge (neuerdings ein Teilstück des „Hindelanger Klettersteigs“). Nach dem Fernblick wenden wir uns noch einmal der näheren Umgebung zu. Direkt unter uns erkennen wir eine sehr typische Geländeform: halbrund schließen sich steile Felswände zusammen, etwa auf dem Scheitelpunkt des Halbkreises stehen wir selbst. Der Boden aber wird von einer Verflachung eingenommen, die talwärts von einer Geländeschwelle abgeschlossen wird. Wir bezeichnen diese Geländeform als Kar (s. Seite 18). Da in diesem Fall der Karsee fehlt, handelt es sich hier um ein Durchgangskar.

Beim weiteren Anstieg zum Iselergipfel passieren wir einen topographischen Punkt. Er erinnert uns an die bayerische Landesvermessung, die vor rund 150 Jahren zu den Pionierleistungen der Landesaufnahme zählte. Schauen wir gleich nach dem topographischen Punkt zurück in die Iseler-Nordwand hinein, so erkennen wir eine Felspartie, die als Felsnadel ausgebildet die Verbindung zum Grat zu verlieren und nur noch auf einen Anlaß zum Abstürzen zu warten scheint. Spontane Massenversetzungen und Bergstürze gehören in der Tat zu den wichtigsten gegenwärtigen Abtragungskräften und sind gerade in den nördlichen Kalkalpen aufgrund ihres jugendlichen Alters besonders häufig.

Daß dies so ist, können wir auch an der Struktur des anstehenden Felses selbst beobachten. Wir erkennen, daß der Fels von kleinen Rinnen durchzogen ist, teilweise sind die Rinnen bereits zu Spalten erweitert. Diese Karren sind Ergebnis der den Kalk angreifenden Korrosionswirkung säurehaltigen Wassers (z. B. Humin- oder Kohlensäuren), das selektiv in die natürlichen Kluftsysteme von Kalk- und Dolomitgesteinen eingreift. Diese Korrosion leistet dann die Vorarbeit für die später hier leicht angreifende Frostsprengung (Seite 15).

Nun wird das Gipfelkreuz des Iselers schnell erreicht und wir genießen den Rundblick, der sich nun auch auf den Kühgundrücken und die Tannheimer Berge öffnet. Der Abstieg bis zur Bergstation der Iseler-Sesselbahn verläuft identisch zum Aufstieg. Von hier aus wenden wir uns nach Westen, wo bereits die Iseler-Platz-Hütte als Etappenziel herüberwinkt. Geübte Geologenaugen erkennen oberhalb der Bergstation einen schmalen Streifen Buntsandstein (Teil des Iseler-Schubfetzens, vgl. Abbildung auf Seite 12). Die Iseler-Platz-Hütte liegt noch auf Schuttmaterial des Iselergipfels, gleich unterhalb kündigen sich aber durch das unruhige Hangbild die Allgäuer Fleckenmergel an, selbst sehr rutschempfindlich und bei Nässe für den Wanderer nicht ganz ungefährlich. Unser Wanderweg, der nun weiter zur Ochsenberg-Alpe führt, quert die Fleckenmergel an ihrer schmalsten Stelle, eine schmale Kalkbank kündigt den Wechsel zu den Kössener Schichten an, auf denen die Alpe

Foto: Borsdorf

Oberjoch mit Iseler-Sesselbahn

liegt. Die Kalkbank selbst gehört zum Kössener Kalk. Fleckenmergel und Kössener Schichten gehören bereits zur Jochschrofenschuppe, auf die sich die Iselerschuppe geschoben hat. Nachweisbar ist dies an der Gesteinsfolge altes Gestein (Hauptdolomit, mittlere Trias) – junges Gestein (Fleckenmergel, mittlerer Jura) – altes Gestein (Kössener Schichten, junge Trias). So ist es konsequent, daß wir unterhalb der Kössener Schichten wieder auf den bekannten Hauptdolomit stoßen, der von hier über die Kanzel zum Jochschrofen zieht und damit das Pultdach der Jochschrofenschuppe bildet. Die Untere Ochsenberg-Alpe allerdings besitzt bessere Alpböden als den steinigen Hauptdolomit, der allenfalls Skelettböden ausbilden könnte. Geschiebelehm, entstanden als Grundmoräne des Oberjochgletschers, versiegelt den Dolomit im Umkreis der Unteren Ochsenberg-Alpe.

Die Alpe trägt auch den Namen „Gsend-Alpe" (von G'sänd = Sand), nach dem Gebirgsbach, der nahe der Iseler-Platz-Hütte entspringt und unterhalb der Ochsenberg-Alpe in den Wildbach mündet. Die untere und obere Alphütte (1 145 m bzw. 1 308 m) sind Wohn- und Wirtschaftsgebäude derselben Alm, die demnach ein Niederläger und ein Hochläger besitzt. Das Niederläger (die untere Alpe) vereinigt Wohn- und Wirtschaftsteil in einem Gebäude, das somit ein Einhaus darstellt. Das Hochläger teilt beide Funktionen auf zwei Gebäude auf. Die Ochsenberg-Alpe ist Gemeindealpe im Besitz der Ortsgemeinde Bad Oberdorf. Zwischen Nieder- und Hochläger findet Staffelbetrieb statt (vgl. Seite 63). Die Alpe wird heute nur noch mit Jungvieh bestoßen (etwa 100 Stück), die Sennerei wurde Ende der 50er Jahre

Foto: Borsdorf

Blick auf die Iseler-Platz-Hütte, Ochsenberg-Alpe und Hindelang

aufgegeben. Immerhin wurden 1955 von 32 Kühen noch 21 639 l Milch abgemolken und daraus neben dem Eigenverbrauch der Senner und Tagwerker 286 kg Butter und 1 760 kg Bergkäse hergestellt.
An der Einmündung des Gsendbachs in den Wildbach erreichen wir den Wanderweg Bad Oberdorf–Oberjoch, dem wir nun in Richtung Oberjoch folgen, um an unseren Ausgangspunkt zurückzukehren.
Der Abstieg von der Bergstation über die Wiedhag- und Gund-Alpe nach Oberjoch bietet nicht mehr als der beschriebene Weg. Er verläuft im oberen Teil noch auf Hangschutt und dann ab Wiedhag ausschließlich auf dem mächtigen Körper der Jochgletscher-Seitenmoräne, deren Material wir an einigen Stellen aufgeschlossen finden. Der Name Wiedhag (von Windhag) rührt von ehemaligen Vorrichtungen gegen Schneeverwehungen her, wie sie entlang des alten Weges von Oberjoch nach Schattwald in der Hanglage der beiden Wiedhag-Alpen angebracht gewesen sein müssen.

Variante:
Ab Iselergipfel zurück zur Abzweigung Zipfels-Alpe. Auf diesem Weg zum Stuibensattel (Beschreibung Tour 10, Seite 143). Hier Grenzübertritt nach Tirol. Über Alpflächen wird bei der Unteren Stuiben-Alpe der tiefe Einschnitt des Stuibenbachs (Hängetal, Klamm) erreicht, bald darauf Schattwald. Von hier aus folgen wir der Paßstraße zurück nach Oberjoch.

Foto: Borsdorf

Das Iseler-Gipfelkreuz

Tour 2
Auch bei Regen reizvoll – Durchs Hochmoor und weiter nach Unterjoch

Ausgangspunkt: Oberjoch
Wanderzeit: je nach der Aufenthaltsdauer im Moor; reine Gehzeit bis nach Unterjoch ca. 1 ½ Stunden
Ausrüstung: wasserdichtes Schuhwerk

An Tagen, an denen der Himmel wolkenverhangen ist und man die Berge nur erahnen kann, braucht man dennoch nicht im Haus zu bleiben. Verbietet sich bei solcher Wetterlage, zumal wenn es regnet, eine Hochtour von selbst, so ist es um so reizvoller, sich der Faszination einer Moorbegehung zu unterziehen, wobei diese Wanderung bis nach Unterjoch fortgesetzt werden kann.

In östlicher Richtung gelegen, fast an das Dorf angrenzend und jetzt durch eine die Straßen nach Schattwald und Unterjoch verbindende Ortsumgehung getrennt, breitet sich die Moorfläche aus, die einen reizvollen Kontrast zum Dauergrünland der Weideflächen darstellt. Vor allem die herbstlichen Braunfarben verschiedener Pflanzen wie z. B. des Wollgrases und verschiedener Erikagewächse vermögen ein stimmungsvolles Bild zu erzeugen. Kaum ein anderer Landschaftstyp ist so gefühlsbeladen und zugleich fremdartig wie das Moor. Unwillkürlich erinnert man sich beim Durchgehen durch das Moor mancher Gedichte von Annette von Droste-Hülshoff, z. B. „Der Knabe im Moor" („Oh, schaurig ist's, über's Moor zu geh'n ...") oder „Das Hirtenfeuer" („Dunkel, dunkel im Moor ...").

K. Eppner hat mit trefflichen Worten ein Gefühlsgemälde des Moores gezeichnet:

„Das Moor war und ist zum Teil auch heute noch vom Schleier des Geheimnisses umkleidet, verdüstert von drohenden Gefahren. Des Menschen Fuß hinterläßt keine Spuren, weich sinkt der Tritt in den Teppich des Sumpfmooses, Wasser gurgelt neben dem Schreitenden auf, der ängstlich mit großen Sprüngen der Naßgalle zu entfliehen sucht, ja schließlich auf schwankendem, unter seiner Last sich einbeugendem Schwingrasen am Ufer des schwarz dunkelnden Moorsees kauernd, sich dem Tode durch Versinken im unergründlichen Moor preisgegeben glaubt. Dann packt ihn panischer Schrecken, und aller vermeintlicher Gefahren nicht achtend, stürmt er durchs Moor, bis er wieder festen Boden unter sich fühlt. Durchnäßt und erschöpft erzählt er Schauermärchen von Moorhexen und bösen Geistern und armen Seelen, die im Moor ihr Unwesen treiben und denen er nur mit knapper Not entronnen."

Ist auch der aufgeklärte Mensch unserer Tage dem Moorspuk entfremdet und sind bei den süddeutschen Mooren, gegenüber denen Norddeutschlands, Funde von Moorleichen (Unfälle, Verbrechen und rituelle Urteilsvollstreckungen) eine Rarität, so übt das Moor immer noch eine große Faszination auf den Wanderer aus.

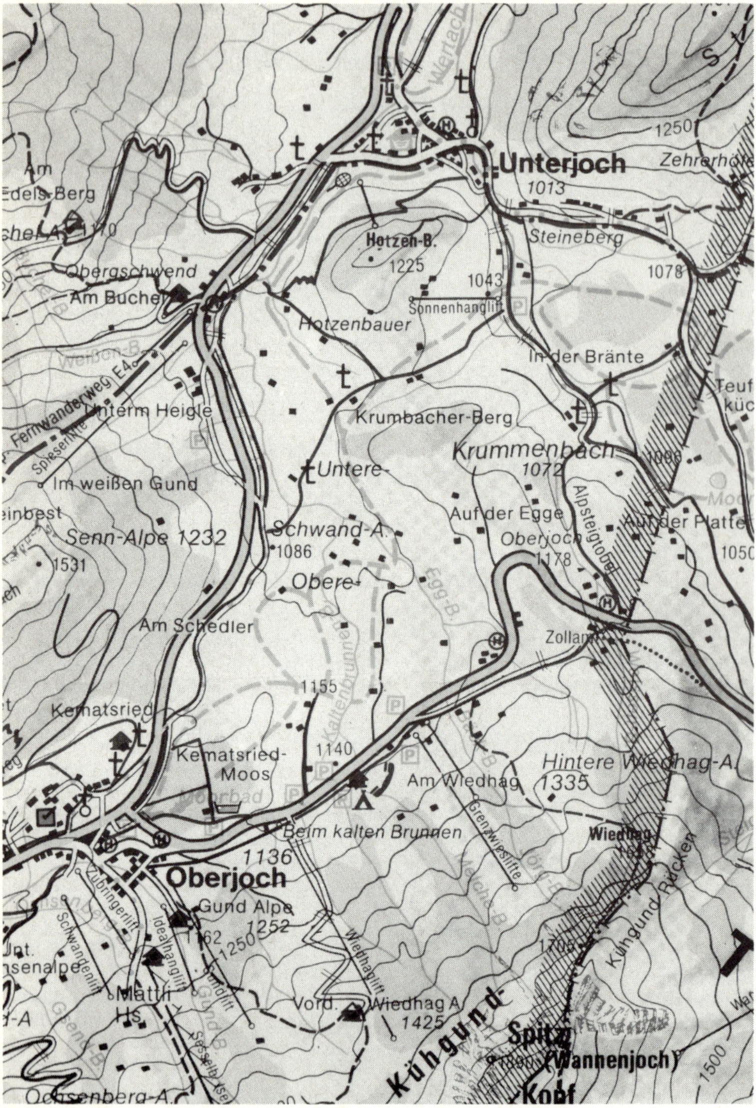

0 500 1000 1500 2000 2500 m

Ausschnitt aus der großen Zumstein-Wanderkarte Nr. 3 „Hindelang – Tannheimer Tal“ 1 :35000

Foto: Scholl.

Herbst im Hochmoor bei Oberjoch

Der in Sagen und Märchen beschworene, durch die Hominidenfunde verkörperte unheilvolle Ruf des Moores, die eigenartigen Farben und die merkwürdige Abwesenheit oder doch Armut an Tönen und Geräuschen sind Träger eines Landschaftserlebens, das die Besonderheit dieses Landschaftstypes bestimmt.

Die Herkunft des Moornamens „Kematsried-Moos" ist unklar. 1435 taucht der Name erstmals schriftlich als „Krämetzried" auf. Vielleicht steckt in dieser Bezeichnung ein alter, verstümmelter Personenname, vielleicht hat der Name aber auch mit der Bezeichnung „Kremmat" = Wacholder zu tun. Die Endung „ried" ist eher vom althochdeutschen „hreod" (was Sumpfboden bedeutet), herzuleiten, als daß es ein Hinweis auf Rodung wäre.
Offenkundig handelt es sich beim Kematsried-Moos (Moos ist eine im bayerischen häufig verwendete Bezeichnung für ein Moor) um ein Hochmoor. Berücksichtigt

man das besondere Lagemoment des Moores auf einem Paßsattel, so ist das Kematsried-Moos als ein Sattelhochmoor zu bezeichnen. Es verdankt seine Entstehung ausschließlich den Niederschlägen. Hydrologisch ist es, im Gegensatz zu den verschiedenen Typen der Niedermoore, unabhängig von Quellen oder dem Grundwasser bzw. stehenden Wasserflächen (Seen, Tümpel). Das Attribut „Hoch“ hat nichts mit der Lage im Gebirge zu tun. Vielmehr zeigen voll ausgeprägte Hochmoore im Querschnitt eine uhrglasförmige Aufwölbung, die mehrere Meter betragen kann. Das Kematsried-Moos freilich läßt diese Aufwölbung nicht deutlich erkennen. Es dehnt sich flach, ohne erkennbare Neigung auf dem Paßsattel aus. Der Eindruck im Gelände bestätigt sich auch beim Höhenlinienstudium der topographischen Karte. Allem Anschein nach ist der Vertorfungsprozeß in diesem Moor in Teilen jedenfalls zum Erliegen gekommen. Auch der Befund der sich angesiedelten Pflanzengesellschaften spricht dafür.

Den Moorspaziergang durch das rund 23 ha große Kematsried-Moos beginnt man zweckmäßigerweise an der dem Ort nächst gelegenen Stelle, knapp jenseits der neuen Umgehungsstraße, da, wo im Winter die Skilangläufer die Loipe erreichen, die durch das Moor bzw. seine Randbereiche führt.

Ein Querweg teilt das Moor in zwei voneinander verschiedene Teile. Im westlichen Teil des Moores hat sich eine Baum-Strauch-Vegetation angesiedelt, wie sie üblicherweise nur für das „Randgehänge“ eines Hochmoores charakteristisch ist. Stellenweise läßt sich schon von einem lichten Moorwald sprechen. In diesem Bereich wächst das Moor nicht mehr. Im östlich des Moor-Querweges gelegenen Teil hingegen findet man kaum Bäume, lediglich im Randbereich zur Straße nach Schattwald hin. Hier trifft man noch eher die für das Hochmoor charakteristischen Vertreter der Torfmoose: in den Rüllen (kleinen natürlichen Wasserläufen) verschiedene Arten des Schlenkentorfmooses (z. B. *Sphagnum cuspidatum)* gelegentlich auch die Weiße Schnabelbinse *(Rynchospora alba)* und auf den trockeneren Standorten die zu kleinen Horsten aufwachsenden („Bülten“) Bulttorfmoose (z. B. *Sphagnum magellanicum).* Die Torfmoose verfügen über die erstaunliche Fähigkeit, ein Vielfaches (bis über das 30fache) ihres Trockengewichtes an Wasser in ihren Poren aufnehmen zu können. Sie sind darin einem Schwamm vergleichbar. Die Moose wachsen normalerweise, wenn das Hochmoor noch wächst, d. h. nicht künstlich entwässert wurde oder auf natürliche Weise kein Wasserausbruch stattgefunden hat, alljährlich einige Millimeter in die Höhe. Nach unten sterben die Wurzelteile langsam ab und leiten infolge des reichlich vorhandenen Bodenwassers und dem damit zusammenhängenden Luftmangel den Vertorfungsprozeß ein. So wächst ein Hochmoor langsam zu seiner charakteristischen Uhrglasform in die Höhe. Je nach dem Zersetzungsrad des pflanzlichen Ausgangsmaterials lassen sich verschiedene Torfarten unterscheiden.

Blickbestimmend im östlichen Moorbereich sind vor allem ausgedehnte Bestände sich flach am Boden hinziehender, kaum höher als zwei Meter werdender Latschen bzw. Kiefern (Bergkiefer, *pinus montana* oder Moorkiefer, *pinus mugo).* Dazwischen erstrecken sich vielfach Heidegewächse, z. B. beträchtliche Areale der Rasenbinse *(Trichophorum caespitosum)* die ebenfalls das Endstadium der Moorent-

Foto: Borsdorf

Das neue Hochmoor-Schwimmbad in Oberjoch

wicklung andeuten. Stellenweise trifft man auch kleinere Kolke, d. h. Wasserlöcher, an. Nach langer Trockenheit, wenn z. B. die Rüllen wasserfrei sind, kann man den anstehenden Torf sehen. Die einzelnen Horste des Bulttorfmooses haben dann schon helle, weiße Verfärbungen. Hierbei handelt es sich im Trockenheitsphänomene. Hochmoore sind insgesamt nährstoffärmer als Niedermoore. Dies gilt auch für die jeweiligen Torfe. Auch der Artenreichtum der Pflanzen in den Hochmooren ist viel geringer als in den Niedermooren.
Glücklicherweise gab es bisher keine umfassenden Versuche zur Kultivierung des Moores, lediglich die Randbereiche des Moores wurden kultiviert. In den ersten Jahrzehnten dieses Jahrhunderts und kurz vor und während des Zweiten Weltkrieges wurde jedoch aus Energiegründen vereinzelt Torf gestochen. Diese Eingriffe sind auch an einigen Gräben zu erkennen, die den Wasserhaushalt des Moores verändert haben. Der den Moor-Quer- bzw. Ringweg begleitende, geradlinig verlaufende Graben ist ein Zeugnis dieser Vorgänge. Die hie und da stehenden Holzhütten wurden teilweise als Heustadel genutzt, teils auch im Zusammenhang mit dem Torfstich. Neben dem Versuch der landwirtschaftlichen Kultivierung und dem Torfabstich zu Heizzwecken wurde auch Torf für heilmedizinische Zwecke entnommen (Moorbäder im Hotel Ingeburg). Heute sind derartige Eingriffe wohl nicht mehr möglich. In den ersten Nachkriegsjahren wurde noch ein kleines Moorbad betrieben, das aber bald nicht mehr zeitgemäß war und seinen Badebetrieb ein-

stellte. Nach langer Pause wurde 1982/83 in 2000 freiwilligen Arbeitsstunden ein modernes Bad mit Schlammbecken, Schwimmer- und Nichtschwimmerteil errichtet, das heute als Attraktion Oberjochs gelten kann. Die Materialkosten wurden durch Spenden aufgebracht, so daß bis heute kein Eintrittsgeld erhoben wird. Auch die Badeaufsicht wird auf freiwilliger Basis organisiert. Bei so viel Idealismus sollte es Ehrensache jeden Besuchers sein, diese Mühen durch eine kleine Spende zu belohnen.
Das Bad ist bei Badewetter von 9–19 Uhr geöffnet und hat trotz fehlender Heizung infolge der natürlichen Aufheizwirkung des Moorbodens im Sommer eine angenehme Badetemperatur von über 20 °C. Allerdings sollte man sich von diesen Bedingungen nicht zu einem allzulangen Aufenthalt im Wasser verleiten lassen, Vor allem das Schlammbecken sollte von Erwachsenen anfänglich nicht länger als 10 Minuten aufgesucht werden, Kinder dürfen es gar nicht benutzen und sollten ihr Badevergnügen im Wasserbecken finden.
Das kleine Bad ist sehr behutsam in die Moorvegetation hineinmodelliert worden. So wird jeder Besucher seine Freude beim barfüßigen Gang auf dem federnden Moorboden haben oder sich die Zeit mit dem Bestimmen der Moorvegetation vertreiben können.

Nachdem das Moor passiert ist, bietet sich ein unbeschwerlicher und vor allem trockener Spazierweg nach Unterjoch an. Der gut beschilderte Weg beginnt an der Straße nach Unterjoch, wo die das nördliche „Hotelviertel“ von Oberjoch erschließende Straße die nach Unterjoch führende Straße erreicht. Der zwei bis drei Meter breite Weg ist zunächst leicht geschottert und führt gemächlich bergab. Über den Unterjoch verbergenden Hotzenberg und den rechts davor liegenden Krummbacher Berg, zwei von den eiszeitlichen Gletschern gerundete, heute teilweise bewaldete Rundhöcker (Hauptdolomit; beim Aufbau des Hotzenberges sind auch noch andere Formationen beteiligt), geht der Blick zum 1 638 m hohen Sorgschrofen, über dessen Gipfel die deutsch-österreichische Grenze verläuft. Der Höhenrücken des Krummbacher Berges setzt sich nach Osten im sanft geschwungenen Gelände „Auf der Egge“ fort.
Entlang des Weges kann man noch alte, langsam verfallende Mäuerchen aus lose aufeinander geschichteten Geröllsteinen sehen, die alte Weidegrenzen darstellen. Bald zweigt nach rechts ein Weg zur Oberen Schwand-Alpe ab. Über das Hofgebäude hinweg geht der Blick hinüber zur Straße von Oberjoch nach Schattwald, auf der an schönen Tagen der Rückstau der Autos die nahe deutsch-österreichische Grenzstation verrät.

Gut 30 Minuten Fußmarsch verläuft der Weg unweit der Autostraße nach Unterjoch. Man kann ihm weiter bis nach Unterjoch folgen. Empfehlenswerter ist jedoch der Spaziergang über die Untere Schwand-Alpe, zu der ein nicht zu verfehlender Wegweiser (= Punkt 1 086 in der topographischen Karte) hinleitet. Das Wort „schwand“ taucht in den Siedlungsnamen des Allgäus häufig auf. So gibt es „Schwand“-Alpen noch bei Balderschwang, Bühl, Burgberg, Gunzesried, Oberstaufen, Oberstdorf, Thalkirchdorf, Tiefenbach u. a., um allein den Bereich des

alten Landkreises Sonthofen anzuführen. Das Wort „schwanden" oder auch „schwenden" bezeichnet eine bestimmte Art der Waldrodung (Anbohrung bzw. Abschälung der Rinde mit nachfolgender Abbrennung des Waldteiles). Obere wie Untere Schwand-Alpe weisen eine vergleichsweise kleine Weidefläche auf (56 bzw. 55 ha). Erste urkundliche Hinweise liegen aus dem 15. Jahrhundert vor (1435 „Swenden" und 1451 „im Geswend").
Vor Erreichen der Unteren Schwand-Alpe wird aber noch der unterhalb des Hofes verlaufende Eggbach (s. Flurbezeichnung „Auf der Egge") auf einem Brückchen überquert.
In der Nähe des in Sichtweite liegenden Hotzenbauer-Hofes zeigen sich im Talgrund nochmals anmoorige Flächen (Birkenwäldchen, Wollgras).
Der Wanderweg führt schließlich, teilweise über Weideflächen und eine kleine Anhöhe, südlich um den Hotzenberg herum. Kurz nach der Anhöhe kann man schon die ersten Häuser von Unterjoch sehen.

Unterjoch, seiner Gestalt nach ein kleines Dorf mit lockerer Bebauung, liegt größtenteils etwas abseits der unruhigen Bundesstraße 310. Vergegenwärtigt man sich den Grundriß des Dorfes, so fällt seine fast linear zu nennende Struktur, verkörpert durch die Achse Erlenweg–Steinebergweg, auf. Der Dorfmittelpunkt um die Kirche wird von zwei Bergrücken flankiert: von Nordwesten stoßen die Ausläufer des Sorgschrofens (1638 m) an das Dorf heran, und süd-südwestlich erhebt sich der kleinere und weniger imposante Hotzenberg (1225 m).
Unterjoch, 1 000–1 070 m hoch gelegen, ist durch den Fremdenverkehr überformt worden. Unternimmt man einen Spaziergang durch den Ort, so lassen sich funktionale Schwerpunkte feststellen. Im Straßendreieck Sorgschrofen-, Erlen- und Sonnenstraße, vor allem in der Sonnenstraße finden sich zahlreiche Gästehäuser, auch einige Hotels, Pensionen bzw. Restaurants. Dem Schwerpunkt Gastronomie/Beherbergung in diesem Bereich steht der Vorrang der Wohnfunktion im Haldenweg gegenüber, wenngleich auch hier fast in jedem Haus Fremdenbetten zur Verfügung stehen. In den Ortsteilen am Untergschwendweg sowie „Am Krummenbach" überwiegt noch das landwirtschaftliche Element, was gelegentliche Angebote der Fremdenverkehrssparte „Ferien auf dem Bauernhof" nicht ausschließt. Funktional indifferent sind der Steineberg und Obergschind. Die öffentlichen Einrichtungen (Post, Kirche, Rotes Kreuz, Feuerwehrhaus usw.) gruppieren sich im Mittelpunktsbereich des Dorfes.
Der Vergleich zum Nachbarort Oberjoch zeigt deutlich, daß Unterjoch eine langsamere, organische Entwicklung vom Bauerndorf zum Fremdenverkehrsort genommen hat, während Oberjoch kaum noch traditionelle Züge aufweist. Hier in Unterjoch hat sich sowohl die Landwirtschaft wie auch das traditionelle Handwerk gegenüber dem Tourismus noch behaupten können.

Nach dem Dorfrundgang und einer zünftigen Einkehr läßt sich der Heimweg antreten. Als Alternative für den Rückweg bietet sich der Weg über den Alpsteigtobel zum Zollamt (deutsch-österreichische Genze) an, und schließlich über den Grenzweg zurück nach Oberjoch.

Tour 3
Gras bis zum Gipfel – Ornach und Spieser

Ausgangspunkt: Oberjoch, Talstation der Iseler-Sesselbahn
für Eilige: Parkplatz an der Kirche
Wanderzeit: 4 Stunden

Der heutige Weg soll neben dem Bergerlebnis dem Kennenlernen des Bergdorfes Oberjoch gewidmet sein.
Beginnen wir deshalb an der Talstation der Iseler-Sesselbahn und wenden uns an der ersten Abzweigung talwärts (Gundstraße) nach rechts. In der Hauptsaison verweisen die Schilder „Ferienwohnung zu vermieten“, in der Nebensaison die geschlossenen Fensterläden und die fremden Autoschilder an den Parkbuchten darauf, daß in diesem Viertel Oberjochs vor allem Zweitwohnsitze vertreten sind. Angesichts der hohen Grundstückspreise ist es der Gemeinde nicht zu verdenken, daß sie die beachtlichen Infrastrukturvorleistungen für den Fremdenverkehr zum Teil aus diesen Grundstücksgeschäften deckt, doch gibt es bei allen momentanen Vorteilen doch manchen Kritiker dieser Politik. Steuereinnahmen bringen die Ausmärker nämlich nicht, da Einkommen- und Gewerbesteuer am Hauptwohnsitz entrichtet werden. Bei kurzfristigen Besuchen am Zweitwohnsitz wird die heimische Geschäftswelt kaum belebt, da Lebensmittel etc. aus heimischen Supermärkten mitgebracht werden. Vielfach werden die Zweitwohnsitze nicht ausschließlich selbst genutzt, sondern als Ferienhäuser/-wohnungen vermietet. Auch hierbei können der Gemeinde Nachteile entstehen, da die tatsächliche Belegung der Räume schwer zu überprüfen ist und somit eine nicht unerhebliche Gewerbesteuer- und Kurtaxenflucht grassiert. Diese und weitere Argumente sprechen gegen einen zu hemmungslosen Ausverkauf Allgäuer Bodens.

Wenden wir uns zurück zur Paßstraße. Die hier befindlichen Pensionen und Gasthäuser weisen einen bescheideneren Zuschnitt auf, als die am Ornachhang. Sie liegen noch an der Nordflanke des Iselers und haushalten mit der Fläche.
Mit der Jochstraße haben wir das Zentrum des Dorfes erreicht. Es ist multifunktional ausgerichtet. Eine Station der Straßenverwaltung und Polizei, eine Bank, Geschäfte des täglichen und touristischen Bedarfs, Dienstleistungen aller Art lösen sich ab. Der tertiäre Sektor hat jedoch die oberen Stockwerke der Geschäftshäuser noch nicht erreicht, die noch der Wohnfunktion dienen.
Betrachten wir das Alter der Gebäude, so erkennen wir, daß das alte Dorf Oberjoch eine lineare Struktur besaß und an der Straße ausgerichtet war. Hier sehen wir auch noch einige der ältesten Gebäude des Orts: ein bäuerliches Anwesen, den Alpengasthof Löwen (Raststation an der Salzstraße) und eine ehemalige Nagelschmiede (heute Sporthaus Hosp). Gegenüber von diesem wenden wir uns der Kirche und Kurverwaltung zu und steigen auf zum Kinderheim Santa Maria. In dieser begün-

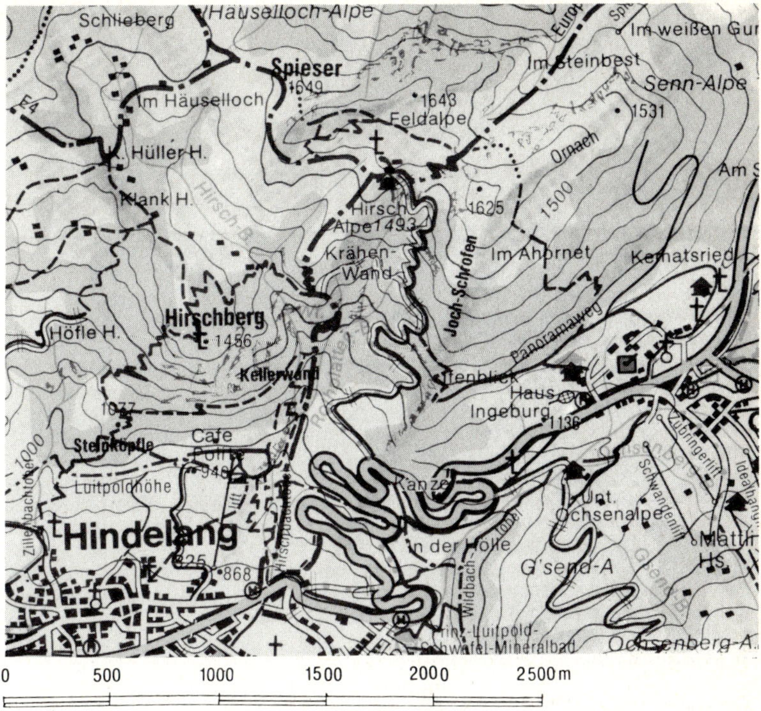

Ausschnitt aus der großen Zumstein-Wanderkarte Nr. 3 „Hindelang – Tannheimer Tal" 1 : 35000

stigten Südhanglage befinden sich in großzügigen Abständen die „besseren" Beherbergungsbetriebe des Ortes, mehr auf Isolation denn auf Integration zum Dorf bedacht.

Wir erkennen, daß Oberjoch eine sehr deutliche funktionale Strukturierung aufweist und nehmen uns vor, diesen zusammengesetzten Ortsgrundriß auch noch einmal aus größerer Höhe zu analysieren. Dazu bietet sich bald Gelegenheit. Am Kinderheim vorbei gelangen wir auf einen gut ausgebauten Forstweg, der uns rasch bergan führt. An seinem Ende folgen wir dem Wegweiser „Ornach" und erreichen auf einem ausblickreichen Wiesenweg eine Viehtränke, wo wir rasten und unsere im Ort gewonnenen Eindrücke überprüfen. Wir bemerken nun, daß Oberjoch noch ein weiteres Viertel besitzt, das sich zwischen Joch- und Wertachstraße einfügt: hier ist das Wohnhaus mit Zimmervermietung der dominante Haustyp. Die von uns im Tal erarbeitete funktionale Struktur des Orts tritt hier noch einmal sehr deutlich hervor, insbesondere ist auch die durch Hangexposition und Kapitalkraft der Unternehmer bedingte unterschiedliche Dichte der „Hotelviertel" deutlich auszumachen.

Foto: Borsdorf

Oberjoch mit Ornach/Jochschrofen (1625 m)

Der weitere Aufstieg im Wiesengelände, in dem sich der Weg bald verliert, wird erleichtert durch die Orientierungsstangen. Sobald das Kreuz sichtbar wird, halten wir auf dieses zu. Wenn auch der Blick auf einen Teil der Hauptkette der Allgäuer Alpen durch den Iseler verstellt wird, werden wir doch durch eine herrliche Sicht auf Zugspitze, Hochvogel, Daumengruppe und die umgebenden Tallandschaften für die Mühen des Aufstiegs belohnt.

Ein unvergeßliches Erlebnis für Naturliebhaber ist der Aufstieg in der Morgendämmerung, um den Sonnenaufgang hinter dem Iseler zu beobachten (und zu fotografieren!).

Gipfelfreunde können vom Kreuz aus den Ornachgipfel im Westen leicht erreichen, kehren von dort aber zum Kreuz zurück.

Wir sind bis hierher auf triassischem Hauptdolomit aufgestiegen, dem gleichen Material, aus dem alle Hauptgipfel der Allgäuer Kette aufgebaut sind. Das Schichtpaket des Dolomits ist nach Süden einfallend schräg gestellt, auch dies wieder ein Hinweis auf den dachziegelartigen Bau von Jochschrofen- und Iselergruppe

(s. Seite 12). Auf diese Verstellung ist der relativ sanft einfallende Südhang des Jochschrofens zurückzuführen, der überdies einen vegetationsfreundlichen Schleier aus Moränen- und Schuttmaterial besitzt. Wenn wir nun nach Nordosten ein Stück absteigen in das Steinbestkar, stellen wir gleichzeitig einen augenfälligen Wechsel im Untergrund fest. Wir steigen in eine Flyschmulde hinab, die aus einer Folge wenig widerständiger Gesteine gebildet wird. Diese Mulde ist beidseitig durch Verwerfungen begrenzt, so daß wir am Spieser wiederum auf Hauptdolomit stoßen. Der Flysch ist am Alpennordrand als breiter Streifen ausgebildet, und es ist schön zu erkennen, wie die Gesteinsstruktur sich auf das morphologische Erscheinungsbild der im Norden vor uns liegenden Berge auswirkt.

Der Spieser (1 649 m) gönnt uns nun den Blick auf die Allgäuer Alpen, der am Ornach noch verstellt war. Der Abstieg zur Hirsch-Alpe erfolgt über den direkt nach Süden führenden Pfad (Verwechslungsmöglichkeit!). Unmittelbar vor der Alpe kreuzen wir die Neokom-Aptychenschichten des Kalkalpin, die am Weg deutlich aufgeschlossen sind.
Und dann ist die (bewirtschaftete) Hirsch-Alpe (1 493 m) erreicht. Die annähernd 230 ha Alpfläche erstreckt sich in einer Höhenlage von 1 100–1 650 m. Der Name leitet sich vom nahegelegenen Hirschberg ab. Schon 1436 wird eine „Alb Hirsperg" genannt.
Die Alpe wird seit 1970 nur noch als Galtalpe geführt und mit 140 Stück Jungvieh beschlagen. Drei Kühe stellen die Milchversorgung der Wanderer sicher. Einstmals gehörte die zu Hindelang gehörende Hirsch-Alpe zu den großen Sennalpen unseres Raumes. So ist aus dem Jahr 1934 eine Alpproduktion von 33 000 l Milch und 1 250 kg Bergkäse belegt und selbst 1955 wurden noch fast 29 000 l Milch abgemolken, 327 kg Butter, 2 408 kg Bergkäse und 12 kg Tilsiter erzeugt. 1959 wurde die Hirsch-Alpe mit der Vorderen Wiedhag-Alpe in Oberjoch zusammengelegt, die seither gemeinsam bewirtschaftet werden. Besitzer beider Almen ist die „Untere Ortsgemeinde" Hindelang. Während früher noch Übernachtungen auf der Hirsch-Alpe möglich waren, bietet sich heute den Wanderern nur noch die Möglichkeit zur Einkehr ohne Beherbergung.
Von der freundlichen Hirsch-Alpe abwärts folgen wir ein Stück dem neuen Alpwirtschaftsweg und halten uns dann links dem Wegweiser Oberjoch folgend auf fast ebenem Waldweg in Richtung auf unseren Ausgangspunkt. Botanikliebhaber kommen noch einmal auf ihre Kosten, denn verborgen blüht hier manche seltene Orchidee.

Varianten:
1. Ab Spieser auf dem von Oberstorf kommenden Oberallgäuer Fernwanderweg zum Wertacher Hörnle (schöner Karsee in Flyschgestein). Abstieg über Edelsberg nach Obergschwend/Unterjoch.
2. Ab Spieser über Tiefenbacher Eck nach Breiten oder über Lenihütte nach Berghofen bei Sonthofen.
3. Wo der Gebirgsbach rauscht: durch Wildbach- oder Hirschbachtobel nach Hindelang.

Tour 4
Wo der Gebirgsbach rauscht – Durch Wildbach- oder Hirschbachtobel nach Hindelang

Ausschnitt aus der großen Zumstein-Wanderkarte Nr. 3 „Hindelang – Tannheimer Tal" 1 : 35000

Unter dieser Bezeichnung werden zwei kleine Wanderungen vorgestellt, die beide, Gebirgsbäche begleitend, aus unterschiedlicher Richtung der Ostrach und damit Hindelang zuführen. Beide Wege verlaufen auf weiten Teilen durch Wald und sind deshalb besonders an warmen Tagen angenehm zu begehen. Für den Weg durch den Hirschbachtobel soll allerdings vorausgeschickt werden, daß er ziemlich beschwerlich, weil steil ist. Wer außerdem angesichts von steilen Grasflanken bei freier Aussicht schon Schwindel bekommt, sollte den Hirschbachtobel meiden.

Entlang dem Wildbach nach Bad Oberdorf oder Hindelang

Ausgangspunkt: Ortsmitte Oberjoch
Wanderzeit 1–½ Stunden

Der Spaziergang nimmt seinen Anfang hinter dem Sportgeschäft „Ski-Hosp“, bei der Abzweigung der Straße nach Unterjoch. Zunächst geht es über einen geschotterten Weg, der zur Gsend- bzw. Ochsenberg-Alpe führt. Nach kaum 5 Minuten Gehzeit weist ein Schild den Wanderer auf einen rechts abzweigenden Weg hin. Kurz nach dieser Wegmarke erreicht man schon den Wald; der Pfad führt zunächst rechts des Gundbaches, der unweit vom Iselergipfel entspringt, dann auf direktem Wege quer zu den Höhenlinien Oberjoch zustrebt, wo er schließlich aus der SO/NW-Richtung um rund 90 Grad in die NO/SW-Richtung umbiegt. Das Rauschen seines Wassers begleitet den Spaziergänger bis ins Tal. Nach kurzer Wegstrecke erreicht man die von links (SO) kommende Einmündung des Ochsenbergbaches, der bis zu diesem Punkt nahezu parallel zum Gundbach vorbei am Berghaus Iseler verläuft, nun die Wasser des Gundbaches verstärkend. Ab diesem Zusammenfluß heißt der Bach nun schlicht „Wildbach“.
Aus der topographischen Karte erfahren wir den Namen des Waldstückes, durch das der Weg führt: „In der Hölle“. „Höll“ oder „hell“ bezeichnete in früherer Zeit jene Stelle, an der ein ständiges Feuer unterhalten wurde und sich so die Anwohner stets Feuer holen konnten. Ein solcher Ort lag immer ein wenig abgelegen, damit etwaige Feinde diese lebenswichtige Stelle nicht so rasch finden konnten.
Kurz vor der Einmündung springt der Ochsenbergbach noch über eine kleine Stufe des Hauptdolomits. Die Widerständigkeit dieser Gesteinsformation äußert sich im folgenden in einem klammartigen Einschnitt des Baches in die anstehenden Felsen.
Der weitere Wegverlauf ist kaum zu verfehlen: über die von der Jochstraße herkommende, asphaltierte und zur Ochsenberg-Alpe führende Straße geht man rund 100 m nach rechts über das Brückchen; am Ende der Leitplanke informiert ein Wegweiser über den weiteren Wegverlauf. Unten am Bach angelangt lassen sich im anstehenden Fels Andeutungen von alten, inaktiven Strudellöchern erkennen. An verschiedenen Stellen fallen Passagen bläulichen Gesteins auf, das relativ weich ist

Im Wildbachtobel Foto: Kaufmann

und schiefrig zerbröckelt. Hierbei handelt es sich um bituminöse Mergel, die in die harten Bänke des Hauptdolomites eingelagert sind. Bald erkennt man auch, daß sich der Querschnitt des Tobels verändert: der bisherig klammartige Einschnitt geht in eine V-artige Form über. Auch dies zeigt einen Wechsel unterschiedlich widerständiger Gesteinspakete an. Erste Ausblicke ins Ostrachtal und auf die Hänge des Imberger Hornes sind möglich. Bald darauf wechselt der Weg auf die linke Bachseite, wo er im unteren Teil des Wildbachtobels auch verbleibt. Verschiedene Gesteine im unteren Wegabschnitt belegen vulkanische Vorgänge im Erdmittelalter, die zur Gruppe der Diabasporphyrite gehörigen Eruptivgesteine Augit, Plagiokas und Magnetit. Diese geologische Besonderheit ist aber nur mit Mühe zu finden.
Eine Weggabelung führt nun die Wege nach Hindelang und Bad Oberdorf aus-

Foto: Kaufmann

einander. Letzteres kann über den Bergwachtweg oder den Andreas-Groß-Weg erreicht werden, Hindelang über die andere Richtung des Bergwachtweges. Dieser führt, auf gleicher Höhe verlaufend, zum Hirschbachtobel.
Wir verbleiben auf dem direkt ins Tal nach Bad Oberdorf führenden Weg. Er führt bald wieder an den Wildbach heran, der nun durch zahlreiche Verbauungen gebändigt wird. Die Seitenstraße überquerend – die von der Jochstraße her kommend zum Prinz-Luitpold-Bad führt – ist der Endpunkt der Wanderung, Bad Oberdorf, schnell erreicht. Am Haus Dorfstraße 9 zeugen zwei Markierungen an der Hauswand von verheerenden Wolkenbrüchen (2. 8. 1901 und 12. 8. 1924), bei denen das Hochwasser und mitgerissene Schuttmassen das Dorf heimsuchten. Die Zukunft wird erweisen, ob die Wildbach-Verbauung diesen Gebirgsbach endgültig zu zähmen vermochte.

Oberjoch – Hirsch-Alpe – Hirschbachtobel – Hindelang

Ausgangspunkt: Oberjoch, Hotel „Haus Ingeburg"
Ausrüstung: Wander- bzw. Bergstiefel
Wanderzeit: 2–3 Stunden, ohne Rast auf der Hirsch-Alpe

Als Alternative zum kürzeren und bequemeren Spaziergang durch den Wildbachtobel nach Hindelang hinunter sei hier die Wanderung durch den Hirschbachtobel über die Hirsch-Alpe vorgestellt. Diese Wanderung läßt sich in verschiedene Abschnitte einteilen. Oberhalb vom „Haus Ingeburg" nimmt der Weg, gemächlich steigend, mal mit freiem Ausblick, mal unter Bäumen dahin, seinen Anfang. Schon nach 20 Minuten Gehzeit wird man am Aussichtspunkt des Kleinen Jochschrofens zu einem ersten Halt animiert. Auf dem weiteren Weg kann man immer wieder Laubbäume (Bergahorn, Buchen) sehen, versprengt bis in eine Höhe von ca. 1 300 m, deren jeweiliger Standort expositionsmäßig begünstigt ist.
Schon bald erreicht man die im Frühjahr 1980 fertiggestellte Fahrstraße zur Hirsch-Alpe. Vom Standpunkt des Wanderers aus betrachtet hat der weitere Weg zur Hirsch-Alpe durch diesen Straßenbau (Straße aber für allgemeinen Verkehr gesperrt!) an Reiz eingebüßt. Andererseits ist der Wegebau als Bestandteil umfassender strukturerhaltender und -fördernder Maßnahmen im Bereich der Berglandwirtschaft zu sehen. Nach etwa 200 m zweigt von der asphaltierten Straße ein geschotterter Waldweg ab, der direkt zum Hirschbachtobel führt. Zur Hirsch-Alpe gelangt man, wie schon angedeutet, über die Straße nach etwa ½ Stunde Fußmarsch. Die Hirsch-Alpe (1493 m) ist bewirtschaftet. Nähere Informationen über die Alpe finden Sie auf Seite 99. Während früher noch Übernachtungen auf der Hirsch-Alpe möglich waren, bietet sich heute den Wanderern nur noch die Möglichkeit zur Einkehr ohne Beherbergung.
Nach der Rast eröffnen sich dem Wanderer wiederum mehrere Wegmöglichkeiten, so z. B. als naheliegenden „Gipfel" Ornach (1 625 m), Spieser (1 649 m) und Hirschberg (1 456 m). Entsprechend vielfältig läßt sich auch der Abstieg ins Tal gestalten. Wer, wie eingangs erwähnt, schon vor steilen Grasböschungen scheut, sollte den nunmehr bevorstehenden Abstieg in den Hirschbachtobel meiden und einen anderen Weg wählen.

Zunächst führt der Weg mit schöner Aussicht hinüber zum Iseler oder hinab in den Hindelanger Talgrund rund 15 Minuten über freies Alpgelände. Bald ist der Bergwald erreicht, es geht nun relativ steil dem Tobel zu. Zunächst bietet sich der Blick auf einen begleitenden tobelartigen Einschnitt „Halberts-Töbele" und die Krähenwand, über deren linke Flanke der Hirschbach in Stufen dem Tal entgegenstürzt. Die anstehende Formation ist der Hauptdolomit. Im unteren Teil des Weges läßt die sich anbahnende Einschneidung des Baches auf andere anstehende Gesteins-

Farbabbildung rechts: An der Hirsch-Alpe mit Hochvogel im Hintergrund

Foto: Scholl

Foto: Kaufmann

Im oberen Teil des Hirschbachtobels

schichten schließen. Sie sind in einem geologischen Lehrpfad gut erschlossen, der als Tour 5 ab Seite 107 beschrieben wird. Schließlich bietet der Tobel gar noch einen klammartigen Abschnitt, bei dem einzelne Wegstellen durch Stahlseile gesichert wurden. Große Felsbrocken sowie Baumstumpfreste im Bachbett lassen die Gewalt des Hochwassers nach starken Niederschlägen erahnen. Nach einem Wolkenbruch im Jahre 1940 wurden auch sämtliche über den Bach führende Brückchen von der Flut fortgerissen. Um die Gewalt des Bergbaches einzudämmen, findet man im unteren Teil zahlreiche künstliche, gemauerte Querriegel. Nach dem Verlassen des Auewaldes im letzten Wegabschnitt endet der Weg beim Gasthaus „Letzter Heller“.

Tour 5
Erdgeschichte erwandert – Der geologische Lehrpfad am Jochpaß

Ausgangspunkt: Wirtshaus „Letzter Heller"
Wanderzeit: 3–4 Stunden

Wir steigen westlich des Wirtshauses „Letzter Heller" gleich an der Brücke von der Jochstraße aus in den Hirschbachtobel ein. Die Beschilderung als „Geologischer Lehrpfad" verspricht uns einen kurzweiligen Aufstieg – und so ist es dann auch! Zunächst verläuft der Anstieg sanft in den jurassischen Allgäuschichten des Lias und Dogger. Wenig widerständige Fleckenmergel, die von dünnbänkigen Kalken mit charakteristischen Kalzitadern unterbrochen werden, haben hier für den etwas weiteren Tobelboden gesorgt. Es handelt sich um fleckige, dunkle, meist dünnplattige, rasch verwitternde Mergel, die die besten Alpböden bilden, manch unerfahrenen Wanderer bei Regen auf steilem Hang aber schon zum Verhängnis wurden. Die Erosionskraft des Hirschbachs muß in diesem Material durch die künstlichen Verbauungen des Wasserwirtschaftsamtes Kempten gebremst werden, um die Transportgeschwindigkeit immer wieder zu drosseln und damit der Zerstörung Herr zu werden.
Beim Haltepunkt 3 des Lehrpfades haben uns deren Schöpfer einen besonderen Leckerbissen zurechtgelegt. Kissenlava aus untermeerischen Vulkanen der Jurazeit zeugt von der tektonischen Unruhe noch zur Synklinalzeit der Alpen, als noch das Tethysmeer unser Gebiet bedeckte. Die glutflüssige Lava, die damals aus Spalten und Schloten austrat, verdickte bei der Berührung mit dem kalten und bewegten Meerwasser sofort zu den kissenartigen Klumpen, die hier zu sehen sind. Es gibt weitere Zeugen des Vulkanismus am Wildbach, am Rothplattenbach und am Fuß der Rotspitze, wo kreidezeitlicher Alpenmelaphyr in seiner charakteristischen Grünfärbung ansteht.
Auch in den Dogger hinein setzen sich die schiefrigen Tone fort, in den „Kohlstattschichten" nun ohne jede Kalkbeimengung. Der fehlende Kalk belegt, daß unser Gebiet zu dieser Zeit vorübergehend aus dem Tethysmeer aufgetaucht war.
Erst im Weißjura (Malm, Station 6) finden wir dann mächtige Kalkbänke, die der abtragenden Kraft des Wassers nennenswerten Widerstand entgegensetzten. Wir treten nun in den schönsten Teil des Hirschbachtobels ein. Die Talflanken rücken dicht heran, die Erosionskraft des Wassers konzentriert sich ganz auf die Tiefenarbeit. Natürliche Kaskaden lösen die anthropogenen Verbauungen ab. Das Seil hilft uns, die Steilstellen zu überwinden; vielfach muß der Weg durch Holz gesichert werden. Beachtlich auch die herrlichen Auskolkungen in dem harten Gestein.
Beim Haltepunkt 7 treffen wir wieder auf mergelige Aptychenschichten der Kreidezeit. Mergel setzt sich aus Ton- und Kalkmineralien zusammen und ist wenig widerständig. So überrascht es nicht, daß das Tal hier wieder eine kleine Weitung

Der Hirschbach Foto: Kaufmann

erfährt. Die kretazischen Ablagerungen gehören zum Flysch, einer verwirrenden Gesteinsfolge von Mergel, Kalkbänken, Sandsteinen und Brecchien. In diesem wenig widerständigen Gestein weitet sich der Tobel zum Kessel, um sich erst bei Eintritt in den Hauptdolomit der Kellerwände wieder zu verengen. Auf dem Lehrpfad müssen wir bei Haltepunkt 9 wieder bis zum Abzweig Richtung Steinköpfle (zwei Brücken unterhalb) zurückgehen. Wir folgen dann dem herrlichen „Hindelanger Wiesenweg". Schön zu beobachten sind die Viehstaffeln in den weichen Allgäuschichten, mehr jedoch eine Folge rezenten Bodenfließens als ausschließlich durch Viehtritt bedingt.

Haltepunkt 10 verweist auf den herrlichen Blick auf die aus triassischem Hauptdolomit aufgebaute Rotspitze und den genetisch gleichartigen Breitenberg. Während unserer Wanderung genießen wir von einer Bank aus auch den Blick auf Hindelang und das untere Ostrachtal. Wir erkennen die durch den Fremdenverkehr verdichtete Struktur des einstigen Haufendorfes. Im Zentrum die erst 1872 fertiggestellte neugotische Pfarrkirche, die auf alten Kirchgebäuden stockt, dane-

ben das ehemalige Jagdschloß der Augsburger Bischöfe (heute Rathaus). Wir bewundern die gestalterische Leistung des Kurhausarchitekten. Die Dachlandschaft des Baues fügt sich harmonisch in das Dorf ein. Von Norden wirkt der Bau ohnedies am wenigsten störend, weil er sich hinter die Talterrasse duckt. Neuere Viertel sind an der Jochstraße und am Weg nach Bad Oberdorf entstanden. Wir erkennen auch die Standorte der alten Mühlen an der Ostrach. Dort sehen wir auch die Sportanlagen des Ortes (Freibad, Tennisplätze, Fußballfeld), ja auch die dem herbstlichen Viehscheid vorbehaltenen Flächen. Überall im Tal verstreut finden wir die Heustadel für die Bergung des winterlichen Viehfutters. Nicht alle befinden sich noch in Funktion, da die Landwirtschaft gegenüber dem Fremdenverkehr auf weiter Front im Rückzug begriffen ist, doch werden die Stadel aus landschaftspflegerischen Gesichtspunkten erhalten.
Ein wenig später schauen wir auch noch einmal zurück über das Haufendorf Bad Oberdorf hinweg ins Hintersteiner Tal und auf die Kette der durch den „Jubiläumsweg" erschlossenen Allgäuer Alpen. Sehr klar tritt hierbei das Schreckseekar hervor, vor dem der Älpele-Kopf ein wenig vorwitzig hervorschaut.
Bei Station 11 haben wir den Hauptdolomit aus der Triaszeit vor uns, den wir eben noch aus der Ferne bewunderten. Er bildet zum Hintersteiner Tal hin sämtliche Hauptgipfel, so auch die des Hirschbergs und Imberger Horns. Vierhundert Meter beträgt stellenweise seine Mächtigkeit. Seine relative Härte, die uns hier handgreiflich wird, macht ihn gegenüber den abtragenden Kräften etwas widerstandsfähiger, deshalb ist er in dieser Weise gipfelbildend.
Der geologische Lehrpfad soll für uns am Haltepunkt 13 enden, da der Umweg zur letzten Station im Schachentobel nicht recht lohnt. Hier steht der bunte Liasbasiskalk in Form der roten „Hierlatzkalke" an, auch bekannt als „Allgäuer Marmor" aufgrund des großen Fossilienreichtums. Wer einen Hammer dabei hat, findet schnell Versteinerungen, vor allem Ammonitenteile und die runden „Hexenpfennige", die nichts weiter als Glieder von Seelilienstengeln (Trochiten) sind. Das phantasievoll bemalte Schaubild zeigt ferner Belemniten (Kopffüßer), Brachiopoden (Armfüßer) und verschiedene Muscheln, die das Schwarzjurameer einst bevölkerten.
Wir wenden uns nun aufwärts steigend dem Kellerwandweg zu, den wir über das Steinköpfle erreichen. Es ist deutlich zu sehen, daß die großen und kleinen Gesteinsblöcke als „Blockmeer" ausgebildet sind. Solche Blockströme sind unmittelbar nach den Eiszeiten im periglazialen (= randeislichen) Klimabereich entstanden, als sommers auf dem steinhart gefrorenen Dauerfrostuntergrund das durchfeuchtete obere Bodenmaterial zu rutschen begann. Isolierte Felsbrocken wuchsen dabei förmlich aus dem Boden heraus und begannen, auf ihnen talwärts zu schwimmen. Heute ist diese Bewegung zur Ruhe gekommen, wie Baumbewuchs und Moosbehang deutlich zeigen.
Unter der aus dem Hauptdolomit gebildeten, fast senkrechten Kellerwand erreichen wir auf ausblickreichem Weg den Hirschbachtobel unweit der Wendestelle des Lehrpfads. Von hier aus können wir auf bezeichnetem Weg zur Hirsch-Alpe (bewirtschaftet) und von dort auf bequemem Waldweg nach Oberjoch gelangen (Tour 3, Seite 96) oder aber wieder absteigen zu unserem Ausgangspunkt.

Tour 6
Auf den Spuren der Salzfrächter – Von Oberjoch nach Hindelang abseits der Autostraße

Ausgangspunkt: Ortsausgang Oberjoch, Richtung Hindelang
Wanderzeit: ca. 1 Stunde

Die nachstehende Beschreibung nimmt Bezug auf die Darstellung der Verkehrsgeographie des Jochpasses (Seite 39).
Am Ortsausgang von Oberjoch in Richtung Hindelang zweigt auf der linken Straßenseite die alte Jochstraße von der Trassenführung der heutigen Autostraße ab.

Auf der rechten Straßenseite befindet sich an einer Hauswand eine Gedenktafel:

„H. Nr. 16 ½ Salzstadel auf dem Joch von 1809 bis 1823"

Es handelt sich hier um den ehemaligen, zu einem Wohnhaus umgebauten Salzstadel. Ursprünglich umfaßte der Stadel drei Stockwerke, die jeweils eine eigene

Die Trassen der Jochpaßstraße seit der Römerzeit

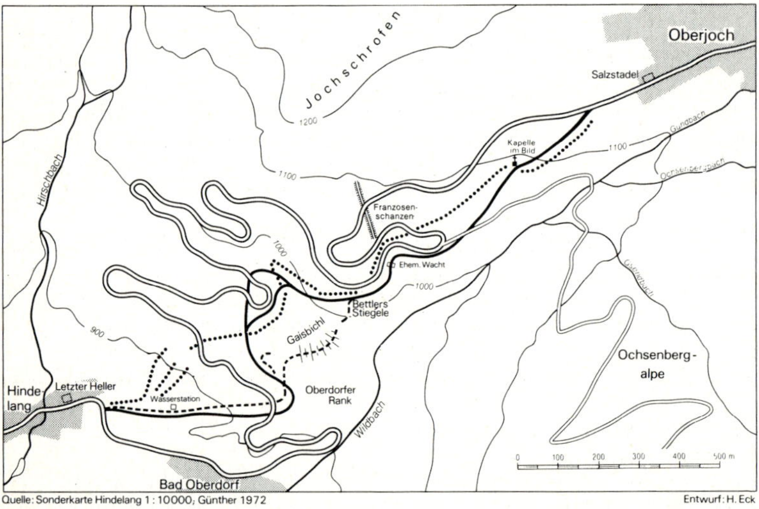

Quelle: Sonderkarte Hindelang 1 : 10000; Günther 1972

Entwurf: H. Eck

═══ Heutige Autostraße	----- Montfortstraße (1540–1550)
── „Alte" Jochstraße (19. Jh., zum Teil identisch mit Montfortstraße)	.... Mittelalterlicher Saumpfad und römische Straße „Via Decia"

Die Jochstraße

Foto: Kaufmann

Einfahrt für die Fuhrleute hatten. Im Erdgeschoß befand sich außerdem eine Schreib- und eine Wohnstube für den Salzknecht. Bald nach der Erbauung dieses Salzstadels im Jahre 1809 führten territoriale Veränderungen zwischen Bayern und Tirol zu einer Verlagerung der Salztransporte. 1819 war der Salztransport über den Jochpaß zum Erliegen gekommen, der Salzstadel funktionslos geworden.
Die alte Jochstraße (19. Jahrhundert) ist an ihrem geschotterten Unterbau gut zu erkennen. Im ersten Streckenabschnitt bis zu der nach rund 5 Minuten zu erreichenden Kapelle „Im Bild“ verlaufen Montfortstraße und die alte Jochstraße parallel nebeneinander. Der alte Saumweg aus der Zeit vor 1540 führt links des Weges. Er ist an den begrenzenden „Dämmen“ erkenntlich. Die Sohlenbreite von ca. 3–4 Metern gibt Auskunft über die Breite des Saumweges in diesem Wegabschnitt.
Der bergabschreitende Fußgänger hat in diesem Bereich einen Blick auf die an den Nordhängen des Iselers liegenden Weideflächen der Unteren Ochsenberg- (Gsend-Alpe) und der Oberen Ochsenberg-Alpe.

Die Kapelle „Im Bild“ (1980 renoviert) diente ehemals den Fuhrleuten an der Strekke zur Rast und Besinnung. Bei der Bildkapelle kreuzt der Saumweg auf die rechte Seite und entfernt sich etwas von der alten Jochstraße. Er führt nun über eingezäunte Weideareale und überquert nach ca. 300 m die neue Jochstraße (Autostraße). Danach ist der Verlauf im steilen Gelände, teils auch durch den Bau der Autostraße gestört, ein Stück Weges nicht mehr zu verfolgen.
Der mittelalterliche Saumweg ist aber nicht als Wanderweg zu betrachten, da er, wie schon ausgeführt, nur noch teilweise erhalten ist und im Gelände nur mühsam zu verfolgen ist. Wir folgen stets der „alten Jochstraße“. Montfortstraße und alte Jochstraße aus dem 19. Jahrhundert benützen noch beide die gleiche Trasse, bis zum sogenannten „Bettlers Stiegele“. Der Saumweg befindet sich in diesem Teil gut 20 m höheram Hang.
Nach weiteren 5 Minuten Gehzeit, nach einer markanten Linkskurve, wird das Gelände beidseits des Weges steil: links in den Wildbachtobel abfallend, rechts Richtung „Kanzel“ ansteigend. An einem Felsen auf der rechten Wegseite erinnert noch eine Metalltafel an die ehemalige „Wacht“, die sich an dieser Stelle befand. Wie im Mittelalter und in der frühen Neuzeit allgemein üblich, brachte das Verkehrswesen für die jeweilige Obrigkeit in Form von Zöllen, Wegegeldern und Gebühren für Schutz- und Geleitrechte oft erhebliche Einnahmen. Die „Wacht“ war ehemals eine Zollstation im Verlauf der Zollgrenze zwischen den tirolischen Landen und der Herrschaft Montfort bzw. der späteren Pflegschaft Rettenberg. Ihre Lage am Hang des Wildbachtobels gestattete den Reisenden und Händlern keine Umgehung dieser Stelle. Der Heimatforscher E. Günther beschreibt die „Wacht“ wie folgt näher:

„Es war ein Torhaus in der Art, wie es auch die großen Straßensperren Ernberg, Fernstein, Finstermünz usw. besitzen. Im Erdgeschoß, das durch Abgrund und Felswand eingeengt war, blieb nur Raum für die Tordurchfahrt. Sie war überwölbt, 3,50 m breit und hatte nur ein Tor und zwar an der Bergseite. Das Torgebäude war für zwei Tore nicht tief genug.“

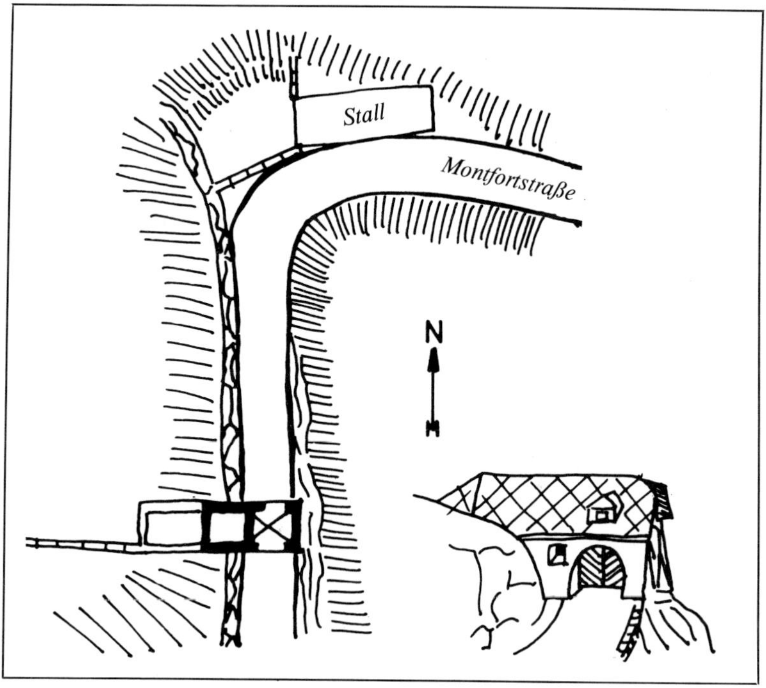

Die „Wacht" an der Montfortstraße (nach G. GÜNTHER)

Die „Wacht" hat wohl rund 300 Jahre gestanden, von der Erbauung der „Montfortstraße" in der Mitte des 16. Jahrhunderts an bis um 1840.
Nach etwa 300 m Weges bergab teilen sich die Jochstraße des 19. Jahrhunderts und die Montfortstraße. Letztere zweigt links ab, in steilerem Gelände als die „alte" Jochstraße aus dem Wald heraus und über Weidengelände verlaufend. In der Nähe der „Oberdorfer Rank" (Rank ist eine mundartliche Bezeichnung für eine Kurve) kann man mehrere Einschnitte im Gelände, ehemalige Fahrgeleise erkennen. Von der Oberdorfer Rank an führen beide Straßen allmählich konvergierend, der Einmündung in die Autostraße, oberhalb des Gasthauses „Letzter Heller" zu. Auch im unteren Teil dieser Passage, bei der Wasserstation, kann man das Fahrgeleis der Montfortstraße noch gut erkennen. Wer von dieser Stelle aus einen Abstecher zum nördlichen Hanganstieg unternimmt, kann die dort sichtbaren Reste (zwei annähernd parallele oder besser elliptisch verlaufende Geländeeinschnitte um einen kleinen „Buckel") des alten Saumweges kaum verfehlen.
Insgesamt benötigt die Wanderung auf der „alten" Jochstraße von Oberjoch nach Hindelang etwa 1 ½ Stunden Gehzeit.

Tour 7
Ein langer Abstieg – Vom Iseler über die Zipfels-Alpe nach Hinterstein

Ausgangspunkt: Berg Iseler
Wanderzeit: ca. 2 ½ Stunden (ohne Rast auf der Zipfels-Alpe)

Rund 200 m vor dem leicht begehbaren Iselergipfel zweigt auf etwa 1 800 m Höhe auf dem gerundeten, relativ flachen Westgrat des Iselers der Weg zum Bschießer-Ponten ab. Auch die Zipfels-Alpe ist zunächst auf diesem Weg zu erreichen. Nach rund 20 Minuten Gehzeit erreicht man den Weidezaun, der die Alpflächen der Stuiben-Alpe (österreichisch) und der Zipfels-Alpe (deutsches Gebiet) voneinander trennt. Der Fußpfad führt bis zu dieser Marke, allmählich an Höhe verlierend, an den Südhängen des Iselers entlang.
Unschwer läßt sich beobachten, daß die Baumgrenze auf dem südseitigen Hang des Berges Iseler höher hinauf reicht – praktisch bis zum Gipfel – als auf den zudem noch steiler abfallenden Nordhängen. Die Ursache ist in erster Linie in der durch die unterschiedliche Lageexposition bedingten Verschiedenheit der kleinklimatischen Gegebenheiten zu sehen. Vereinzelte Fichten weisen verkümmerte oder verkrüppelte Spitzen auf.
An der gegenüberliegenden Seite läßt sich in südöstlicher Richtung zwischen dem Bschießer (1999 m) und dem Dresenberg bzw. Stuibenkopf (1831 m) ein Kar mit einer gut ausgebildeten Karschwelle erkennen. Während der Zeit der Alpenvereisung (s. Seite 18) nahm in diesem Kar ein kleiner Hängegletscher seinen Ausgang, der seine Eismassen über das heutige Zipfelsbachareal dem durch das Ostrach- bzw. Hintersteiner Tal fließenden, viel größeren Seitenarm des Illergletschers zuführte. Von diesem Sachverhalt zeugt nicht nur dieses Kar als eine typische, durch Gletscher geschaffene Geländeform, größere Teile des Kares sowie des Talgrundes um die Zipfels-Alpe-Hütte weisen unter dem Grasbewuchs jene als „Grundmoräne" bezeichneten Lockermassen (Gerölle unterschiedlichster Größe) auf, die der Gletscher an seinem Grunde durch den Eisabfluß fortbewegte. Während des Iselerabstieges hat man einen guten Überblick über die Weideflächen der Zipfels-Alpe.
Am schon erwähnten Weidezaun zweigt der Weg zur Zipfels-Alpe nach rechts (zum Talgrund hin; Wegweiser) ab, und führt in weiteren 20 Minuten Gehzeit zur Almhütte. Vereinzelte, völlig abgestorbene Fichten unweit des Weges zeugen von einem großflächigen Grasbrand Anfang der Siebziger Jahre.
In Sichtweite der Almhütte, aber auch schon vorher, kann man auf einem rechts des Weges in etwa 100 m Entfernung liegenden, süd-exponierten Hang eines kleinen Hügels zahlreiche Erdlöcher erkennen. Sie sind an dem ausgeräumten hellen Gesteinsschutt auf den Grasflächen gut zu erkennen. Hierbei handelt es sich um die Bauten von Alpenmurmeltieren *(marmota marmota),* die man mit etwas Glück mit

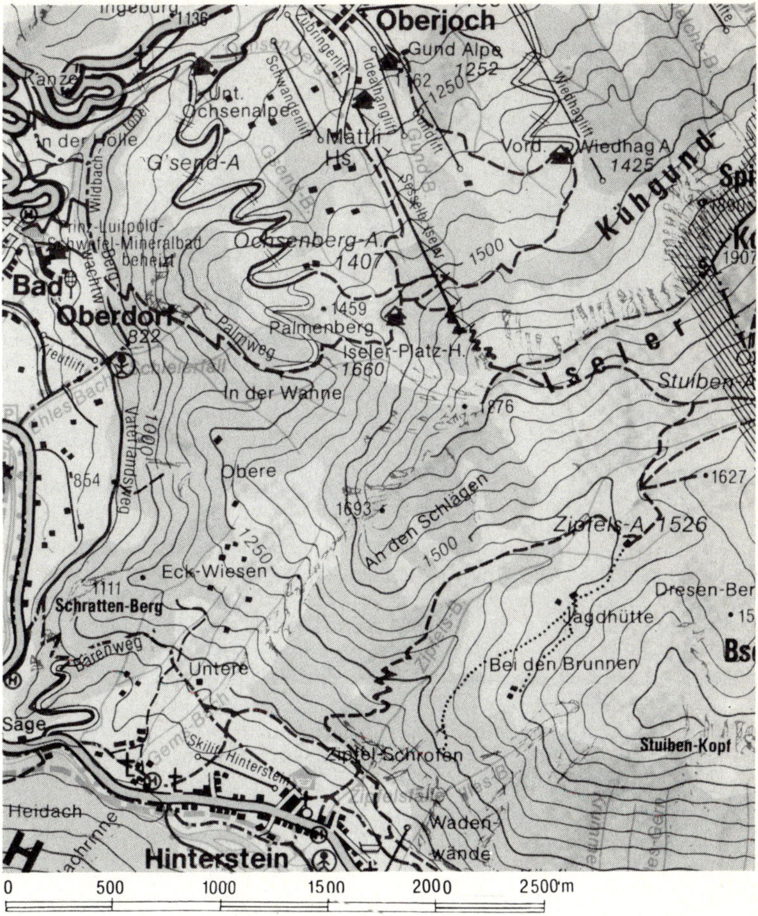

Ausschnitt aus der großen Zumstein-Wanderkarte Nr. 3 „Hindelang – Tannheimer Tal" 1 : 35000

bloßem Auge bei ihrem Treiben beobachten kann und deren pfeifender Warnruf immer wieder zu hören ist.

Um die Almhütte herum blühen im Juli/August größere Areale des Alpen-Greiskrautes *(Senecio alpinus)*, das vom Vieh ebenso wie der weit verbreitete Weiße Germer *(Veratrum album)* verschmäht wird. Das Alpen-Greiskraut ist ein Vertreter der sogenannten „Lägerflora". Darunter versteht man eine durch Stickstoffüberdüngung (Mist) verursachte, blattreiche Flora, die den wichtigen Graswuchs beeinträchtigt oder gar verhindert.

Der Name der Alpe („Zipfel" = vorspringender Streifen) kann als eine Umschreibung des Standortes der Alphütte auf einer Verflachung des durch den (Zipfel-) Bach ausgeräumten Einschnittes zwischen Iseler und dem Dresenberg aufgefaßt werden. Die Weideflächen der Zipfels-Alpe, die 1451 erstmals als im Besitz des Stiftes Kempten befindlich, erwähnt wird, erstrecken sich in einer Höhenlage zwischen 1 450 m und 1 800 m. Die Hütte selbst liegt auf 1 526 m. Heute gehören die rund 220 ha Weideflächen der Alp einer Genossenschaft von Bauern aus dem Sonthofener Raum. Weitere Angaben über die Alp finden sich auch in der Tabelle auf Seite 66/67.

Alljährlich werden 220–230 Stück Vieh pensionsweise zur „Sömmerung" auf die Zipfels-Alpe getrieben. Besitzer des Viehs sind rund 25 Bauern aus dem Kemptener Raum. War die Alpe bis 1952 noch eine Sennalpe, so ist sie heute eine Galtalpe. Milch und Käse werden von dem netten Hirten-Ehepaar, das im Winter einem anderen Beruf nachgeht, nur noch für den Eigenbedarf und zum Verkauf an Wanderer erzeugt. Die Alpe ist alljährlich bis zum Viehabtrieb (Viehscheid), in der Regel am 11. September, bewirtschaftet (keine Übernachtungsmöglichkeit).

Während der geruhsamen Einkehr kann der umherstreifende Blick auf der Höhe des südlich gelegenen Dresenberges wiederum verkrüppelte und verkümmerte Bergfichten erkennen, die zugleich Anzeiger der Baumgrenze sind. Bei einzelnen Bäumen sind deutliche Spuren von Winddeformation auszumachen: das Astwerk ist asymmetrisch ausgebildet, nach Westen zeigende Äste fehlen. Die Art der Deformation ist zum einen durch den solitären und freien Standort an der Baumgrenze und durch die im ganzjährigen Verlauf vorherrschenden Winde aus westlichen Richtungen zu erklären. Man kann sich leicht ausmalen, daß beim Durchzug von Tiefdruckgebieten der Wind oftmals in Sturmstärke bläst und so die geschilderten Auswirkungen verursachen kann.

Für den Abstieg ins Hintersteiner Tal, der je nach Schrittempo und Anzahl der Verschnaufpausen 1 ½ bis 2 Stunden erfordert, bieten sich zwei Wege an: der links des Baches verlaufende Weg sowie der rechts des Baches und im unteren Teil die Wasserfälle des Zipfelbaches berührende Weg. Die zweite Wegmöglichkeit ist empfehlenswerter und soll deshalb etwas näher beschrieben werden.

Nach dem Abmarsch von der Alphütte erreicht man nach rund 20 Minuten Gehzeit über die Almwiesen den Bergwald. Genoß man bis hierher den freien Blick ins Tal und auf die umliegenden Berge, so geht der Blick jetzt mehr auf das Naheliegende, die Flora. Tief unterhalb des Weges hört man das Rauschen des Baches, der sich tief eingeschnitten hat und schließlich über zahlreiche Stufen unterschiedlichster Höhe der Ostrach, einem Nebenfluß der Iller, entgegenstürzt. Der Weg führt im unteren Drittel immer wieder an die Wasserfälle heran. Ursache für die Herausbildung derartiger Stufen ist das widerständige Gestein des Hauptdolomits. Bei ihm handelt es sich um ein marines Sediment (Meeresablagerung). Dieser Kalkstein entstand vor rund 180 Millionen Jahren und wurde erst sehr viel später in die Alpen-Gebirgsbildung einbezogen. Er ist auch dafür mitverantwortlich, daß sich der Talboden des Zipfelbaches nicht allmählich bis auf das Niveau des Hintersteiner Tales absenkt, sondern mit einer Stufe von rund 200 m Höhe über dem Haupttal mündet (Hängetal). Obgleich für diesen Umstand auch noch andere Gründe geltend zu

machen sind, fällt doch auf, daß der Zipfelsbach bisher nicht in rückschreitender Erosion (Eintiefung) sich in die Stufe einschneiden konnte. Im unteren Teil der Zipfelsbach-Wasserfälle läßt sich auch gut das Schichtfallen der Gesteine der Iselerschuppe erkennen.
Der Pflanzenfreund, der sich beim Abstieg über die Alpweiden sowie durch den lichten Bergwald nach floristischen Kostbarkeiten umsieht, wird nicht lange suchen müssen. Je nach der Jahreszeit findet er eine Artenvielfalt, die auf unseren heimischen, mit Mineraldünger versorgten und mit Herbiziden auf Ertrag getrimmten Wiesen schon lange der Vergangenheit angehört. Angesichts der blühenden Vielfalt hier wird einem „das Verbleichen der Buntheit in der Umwelt des Menschen" (v. Wissmann 1974), erst so richtig bewußt.

Nachstehend seien nur einige Beispiele aufgeführt, die der Verfasser beim Abstieg durch den Wald sah:

verschiedene Knabenkräuter (u. a. *Orchis Mascula, Dactylorhiza maculata)*
Große Händelwurz *(Gymnadenia conopsea)*
Wald-Akelei *(Aquilegia vulgaris)*
Bräunliche Nestwurz *(Neottia nidus-avis)*
Rotbrauner Frauenschuh *(Cypripedium calceolus)*
Bleiches Waldvögelein *(Cephalanthera damasonium)*
Berg-Flockenblume *(Centaurea montana)*
Kugel-Rapunzel *(Phyteuma orbiculare)*
Nacktstengelige Kugelblume *(Globularia mudicaulis)*
Taubenkopf-Leimkraut *(Silene vulgaris)*
Alpen-Troddelblume *(Soldanella alpina)*
Gewöhnlicher Seidelbast *(Daphne mezerreum)*
Alpenrose *(rosa pendulina)*

Der links des Zipfelbaches verlaufende Weg nach Hinterstein ist ein Viehtrieb. Er ist daher eigentlich nicht als Fußweg gedacht, gleichwohl jedoch begehbar. Abgesehen von der Flora ist er weniger reizvoll als der rechtsseitige Weg. Man geht zunächst auf dem 2–3 m breiten Viehweg zu dem in Sichtweite befindlichen Stall in südwestlicher Richtung. Bei diesem Stall, der noch zur Zipfels-Alpe gehört, zweigt nun ein schmaler Pfad talabwärts ab. Der bisher beschrittene Weg führt zu einer Materialstation, welche die Versorgung der Zipfels-Alpe vom Tal in Hinterstein aus gegenüber dem früheren Transport mit Saumpferden wesentlich erleichtert. Dort endet der Viehtriebweg. Wie auf dem rechtsseitigen Weg erreicht man auch auf dem linksseitigen Weg in Kürze den Bergwald, durch den der Weg, unterbrochen von kleineren, gerodeten Lichtungen bis zum Tal führt.
Im unteren Teil, schon in Sichtweite von Hinterstein und mit gutem Ausblick auf den Bergsturz ist der Viehtriebweg schlecht. Er gleicht mehr einer Geröllbahn und gestaltet den Abstieg mühselig und vor allem staubig.
Beide Wege von der Zipfels-Alpe führen nach Hinterstein, wo entweder – nach einer zünftigen Rast – die Wanderung fortgesetzt werden kann, oder aber per Bus die Rückfahrt nach Oberjoch (Umsteigen in Hindelang) angetreten wird.

TAGESTOUREN

Tour 8
Dem Giebel entgegen –
Ein beschaulicher Weg durchs Hintersteiner Tal

Ausgangspunkt: Hinterstein
Wanderzeit: ca. 2 ½ – 3 Stunden

Die Erkundung des Hintersteiner Tales läßt sich auf verschiedene Weise durchführen. Da ab Hinterstein die Straße für den allgemeinen Verkehr gesperrt ist, muß man sich anderer Verkehrsmittel bedienen: so verkehrt zwischen Hindelang bzw. Hinterstein und dem Giebelhaus ein Bus. Man kann also Hin- und Rückweg zu Fuß absolvieren oder auch einen Wegabschnitt mit dem Bus zurücklegen. Wem beides ungelegen ist, der kann in Hinterstein bei einem Fahrradverleih einen Drahtesel anmieten und so das Sträßchen befahren. Die Schönheiten des Tales lassen sich aber nur zu Fuß in vollem Umfange erfassen. Daran orientiert sich die folgende Beschreibung.
Als „Hintersteiner Tal" bezeichnet man den Talabschnitt des Ostrachtales zwischen der Talenge bei Bruck und dem talaufwärts gelegenen, 13 km entfernten Giebelhaus. Beginnen wir also bei der Talenge bei Bruck.
Ursprünglich hieß die kleine Ansiedlung „ans Kolers Brugg" (1621). Hier befand sich nämlich eine (Holz) Brücke, die zu den Köhlern im Retterschwangtal führte. Noch heute erinnert ein Alpname in diesem Tal (Kohlersberg-Alpe) an das Waldgewerbe der Köhler.

Das Retterschwangtal ist zugleich das bedeutendste der sieben Seitentäler des Hintersteiner Tales. Drei von ihnen befinden sich linksseitig (Tosenbachtal, Eckbachtal und Retterschwang), vier münden rechtsseitig in das Haupttal (Erzbachtal, Taufersbachtal, Willersbachtal und Zipfelsbachtal). Die meisten dieser Seitentäler münden „hängend" mit einer deutlichen Stufe von ca. 200–250 m über dem Talboden des Haupttales. Die zufließenden Seitenbäche stürzen in mehreren Stufen über die Felsbarrieren ins Tal. Verschiedentlich sind schon deutliche Anzeichen einer rückschreitenden Erosion zu erkennen.
Die Talenge bei Bruck wird durch einen Ausläufer des Iselers, den „Schrattenberg", verursacht. Die widerständigen Gesteine des dort anstehenden Hauptdolomits verursachen diese Engstelle, die Fluß und Straße Seite an Seite durchque-

Ausschnitt aus der großen Zumstein-Wanderkarte Nr. 3
„Hindelang – Tannheimer Tal“ 1 : 35000

ren, um sich danach wieder voneinander zu entfernen. Noch in der Enge fällt eine Besonderheit am jenseitigen Ostrachufer, am Ostabfall des Breitenberges auf. Eine Mure, im schweizerischen Raum auch als „Rüfe“ bezeichnet, bestimmt den Berghang. Über mehrere hundert Meter Höhe zieht sich von der Felsregion bis an den Bach heran eine Schuttrinne, die sogenannte „Heidachrinne“. In unregelmäßigen Abständen, zuletzt 1949, besonders nach starken Regenfällen, ergießen sich größere Schuttmassen vom Breitenberg herab ins Tal und gefährden die Straße und umliegende Bewohner. 1937 ergoß sich eine große Schutt- und Steinlawine zu Tal, die eine Wassermühle wegriß und unter sich begrub und noch die Straße blockierte. Im Frühjahr und Frühsommer nehmen häufig Lawinen in diesem Teil ihren Abgang und füllen nicht selten das Flußbett auf. Dem geübten Auge zeigen sich noch weitere Murgänge an dieser Bergwand; zum Teil sind durch Pflanzenbewuchs die Wunden am Berghang schon etwas „vernarbt“.

Gegenüber dem südlichen Ortsende von Hinterstein lassen sich noch deutlich die wenig verwitterten Spuren eines Bergsturzes in der sogenannten „Sulzbachwand“ aus dem Jahre 1964 erkennen. Die zu Tal beförderte Felsmenge dürfte ca. 2,5 Mio. m^3 betragen (FRÖHLING 1968).

Engen und Talweiten einerseits, Flachstrecken und Stufen andererseits sind die charakteristischen Merkmale im Quer- und Längsprofil glazial überformter Täler in den Alpen. Auch das Hintersteiner Tal weist diesen Formenschatz auf. Die Querriegel des Hintersteiner Tales führten nach dem Abschmelzen des Eises zur Ausbildung von Talgrundseen. Die Aufstauungen der Ostrach lassen sich hie und da an alten Terrassenresten belegen, soweit sie nicht durch rezente Erosionsvorgänge zerstört wurden. Die Ostrach durchschnitt diese Felsriegel erst postglazial in zum Teil tiefen Schluchten, wie z. B. der Eisenbreche. Erst diese Durchbrüche führten zu einem Auslaufen der Talseen, in welche die Ostrach feine Schweb- und Geröllfracht abgelagert hatte und so die Ausbildung relativ ebener Talböden bewirkte.

So weitet sich das Tal nach der Felsenge von Bruck auf eine Länge von ca. 4 km wannenartig. In schwachen, mäanderartigen Schleifen zieht die Ostrach teils durch Auewald, teils vorbei an Wiesenflächen dahin. Zur Ausformung der flachen Talwannen des Hintersteiner Tales haben sicherlich auch die aus den Seitentälern einmündenden Nebengletscher beigetragen. Fünf der sieben Seitentäler weisen einen karförmigen Talschluß auf. Auch der Talschluß des Retterschwanges wird Ausgangspunkt eines Gletschers gewesen sein. Lediglich der Bereich des Stuibensattels, östlich der Zipfels-Alpe, muß als ein Transfluenzpaß angesehen werden. Durch Rückstau des Ostrachgletschers flossen Eismassen über den Stuibensattel wie auch über das Oberjoch hinweg in östliche Richtung ab.

Das sich in drei Teile gliedernde Dorf Hinterstein verdankt seinen Namen der Brukker Enge, umschreibt er doch die topographische Lagesituation des Dorfes als „hinter dem Stein liegend“, gemeint ist natürlich der Fels des Schrattenberges. Der nördliche (er hieß bis 1880 auch „Im Echatsried“) und mittlere Ortsteil – das eigentliche „Dorfzentrum“ mit Gaststätten, Hotels und Kirche – liegen hochwassersicher auf einer Niederterrasse, während sich die Häuser des südlichen Dorfteiles in die Talniederung vorwagen.

Foto: Borsdorf

Bergsturz an der Sulzbachwand bei Hinterstein

Glücklicherweise vermochte der Fremdenverkehr die dörfliche Eigenart Hintersteins nicht wesentlich zu verändern. Die vorhandenen Gasthöfe, Cafés und Pensionen tragen mit zum Charakter einer Sommerfrische bei. Abgesehen von vereinzelten Skiwanderern und den Langläufern auf der Loipe bei Hinterstein findet kein Wintersportbetrieb statt. Die Pferdeschlitten, die auf dem gebahnten Sträßchen Gäste durch die winterliche Landschaft fahren, vermitteln noch ein Bild der Ruhe und Harmonie. Im Sommer hingegen findet Hinterstein und das Tal immer mehr Freunde. Kleine Spaziergänge und mehrtägige Hochgebirgstouren lassen sich von Hinterstein aus unternehmen.
Soweit der Fremdenverkehr Eingang in die Statistik der Kurverwaltung findet (Gästeübernachtungen) läßt er für die vergangenen Jahre einen gewissen Rückgang erkennen.

Fremdenübernachtungen in Hinterstein 1961–1985

Jahr	Übernachtungen
1961	92 600
1965	91 300
1970	92 700
1975	120 400
1985	89 600

Ein großer Anteil der Übernachtungen entfällt auf Privatvermieter. Fast in jedem Haus besteht die Möglichkeit zur Übernachtung. In diesen Zahlen nicht enthalten ist der Tages-Ausflugsverkehr. Sein Volumen darf nicht unterschätzt werden. An schönen Tagen findet sich kaum noch eine Parkmöglichkeit in Hinterstein. Nicht nur Gäste aus Hindelang, Sonthofen oder den anderen umliegenden Orten sind anzutreffen, auch Tagesausflügler aus München, Stuttgart und dem mittleren Nekkarraum finden sich ein. Der überwiegende Teil der Hintersteiner Bevölkerung kann jedoch vom Fremdenverkehr allein nicht leben und geht im nahen Hindelang oder Sonthofen einer Erwerbstätigkeit nach.

Bald ist das Dorf durchschritten. Der vorauseilende Blick fängt sich am Taufersberg, der optisch die Hintersteiner Talwanne abzuschließen scheint. Folgt man dem zur Talaue führenden Sträßchen, so wird man etwa 500 m außerhalb des südlichen Ortsrandes einer kleinen Kies- und Schottergrube gewahr. In der angebrochenen Wand kann man Steine verschiedenster Größe, zum Teil leicht gerundet erkennen. Das hier für den Straßenbau entnommene Material ist Teil des gewaltigen Schwemmfächers, den der Willersbach bei seiner Mündung in das Ostrachtal aufbaut.

Farbabbildung links: Hinterstein

Foto: Kaufmann

Erst gegen Ende der Hintersteiner Talweitung erblickt man rückwärts schauend den Schwemmfächer in seiner ganzen Größe als sanft nach Westen einfallende schiefe Ebene. Sie weist merkwürdige Buckel auf. Das Zustandekommen solcher „Buckelwiesen" ist geomorphologisch noch nicht abschließend geklärt. Im Alpenbereich konzentrieren sie sich in einer Höhenlage zwischen 850 und 1 000 m. Auch die hier zu beobachtende Buckelflur fügt sich mit ihrer Höhe von etwa 900 bis 970 m in diese Höhenstufe ein. Einige Forscher glauben, daß sich derartige Buckelfluren im Übergangsbereich zwischen der letzten Eiszeit und der sich anschließenden (ebenfalls noch ziemlich kalten) Tundrenzeit bildeten. In diesem Zeitabschnitt war das Areal zwar schon eisfrei, lag aber noch über der Waldgrenze. Komplizierte Gefriervorgänge in den oberen Boden- bzw. Schuttschichten unter Einbeziehung des Bodenwassers haben bei der Formung der Bodenbuckel sicherlich eine wichtige Rolle gespielt (vgl. auch S. 20).

Noch vor dem freien Blick auf den Schwemmfächer quert die Straße mit einem kleinen Brückchen den von Osten herabkommenden Willersbach. Passiert man diese

Foto: Borsdorf

Der Willersbach vor seiner Einmündung in die Ostrach

Foto: Borsdorf

Hinweisschild zur Eisenbreche

Stelle im Sommer oder Herbst, so kann es vorkommen, daß im stattlichen Bachbett überhaupt kein Wasser fließt. Bäche mit einer so gearteten unsteten, episodischen Wasserführung bezeichnet man als „Torrente". Zu Zeiten geringer Wasserführung versickert das wenige Wasser in dem geröllübersäten Bachbett und tritt oberflächlich nicht in Augenschein. Aber nach ergiebigen Regenfällen oder während der Schneeschmelze kann sich der Willersbach zu einem reißenden Gebirgsbach entwickeln. Nur bei starker Wasserführung vermag die Kraft des Wassers größere Gerölle weiter zu Tal zu schleppen.
Der Bereich, wo der Willersbach oben aus dem Wald heraustritt, trägt auf der topographischen Karte (1 : 25 000) die Bezeichnung „In den Wolfsgruben" und erinnert daran, daß es früher auch im Hintersteiner Tal Wölfe gab.

Die nun beginnende Steigung der Straße zeigt zugleich auch eine markante Stufe im Längsprofil des Tales. Denn die rund 250 m Höhenunterschied zwischen Bruck und der Talgabelung beim Giebelhaus werden nicht in einem gleichsinnigen Gefälle bzw. talaufwärts betrachtet in einer gleichmäßigen Steigung überwunden. Vielmehr gliedert sich das Hintersteiner Tal in vier Stufen und in dazwischen befindliche relativ flachere Abschnitte. Markieren die Stufen im Querschnitt zugleich Talengen, so weiten sich die flacheren Talabschnitte wannenartig oder haben kesselartige Formen. Man sollte nicht versäumen, nach Überwindung der ersten Stufe von der Straße aus einen Blick hinunter in die Auelesschlucht zu werfen. Danach passiert man eine kleine Talrundung. Die Talwiesen in diesem Bereich dienen als „Vorsässe". Wenn der Schnee im Tal geschmolzen ist, die Erdkrume abgetrocknet ist und der Graswuchs begonnen hat, wird je nach der Witterungslage Mitte bis Ende Mai das Vieh von Hinterstein bzw. dasjenige, das aus dem Alpenvorland mit Viehtransportern ins Hintersteiner Tal gebracht wird, auf diese Talwiesen zur Weide gebracht. Es verbleibt hier solange, in der Regel 3–4 Wochen, bis es dann von

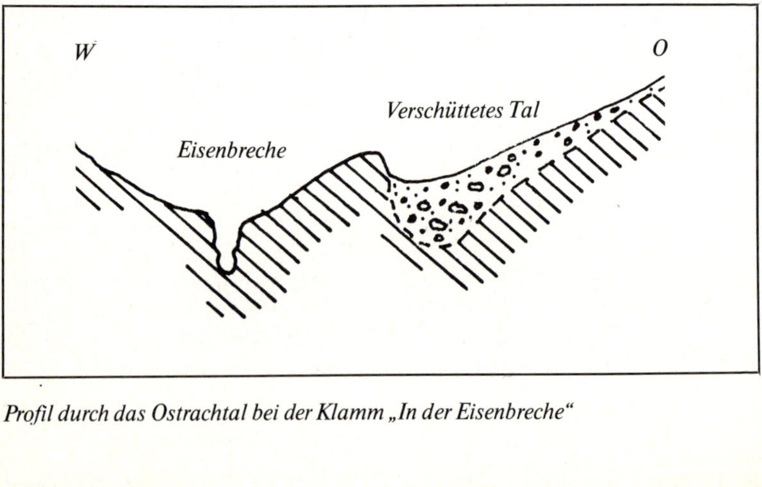

Profil durch das Ostrachtal bei der Klamm „In der Eisenbreche"

Foto: Borsdorf

Blick in die Klamm

Foto: Borsdorf

Elektrizitätswerk am Taufersbach

dieser 1. Stufe auf die 2. Stufe, die Taufers-Alpe (um 1 400 m) getrieben werden kann. Mitte Juli zieht das Vieh schließlich auf die höchste Stufe, das Gebiet um den Schrecksee (um 1 800 m) hinauf und verbleibt dort bis Ende August, Anfang September. Danach kehrt sich der Weidegang um. Ein Teil der Viehherde verbleibt schließlich noch einige Zeit auf der „Vorsässe“, die nun als Herbstweide dient. In der Zwischenzeit wurde auf ihr durch die Heuernte noch Futter für die Stallfütterung im Winter gewonnen.

Links der Straße, am Taufersbach, liegt ein kleines Elektrizitätswerk (Tour 11, Seite 147). Die sich kurz danach anschließende zweite Stufe bietet von einer Kanzel herrliche Ausblicke hinunter in die Schlucht der „Eisenbreche“. 90 m tief hat die Ostrach den aus Hauptdolomit bestehenden Felsriegel durchschnitten. Der

Foto: Borsdorf

Hubertuskapelle im Hintersteiner Tal

klammartige Einschnitt der Eisenbreche bildete sich postglazial, d. h. seit dem Ende der letzten (Würm-)Eiszeit. Östlich davon befindet sich ein älteres Bachbett (siehe Skizze auf Seite 128), das sich in der letzten interglazialen Warmzeit ausgebildet hatte. Vermutlich wurde dieses Bachbett während der Würmvereisung mit Moränenmaterial verschüttet, so daß sich die Ostrach nach dem Abtauen des Eises ein neues Bett suchen mußte. Die Eisenbreche ist also erdgeschichtlich betrachtet ein junger Einschnitt.

Der Name dieser Schlucht, wie auch derjenige des sich in der anschließenden Talrundung befindlichen Vorderen Erzberghofes erinnern an den spätmittelalterlichen Erzbergbau (s. Seite 54). Erstmals werden Erzbergwerke im Bereich der Erzberg-Alpe und des Älpele-Kopfes 1541 erwähnt.

Foto: Borsdorf

Beschauliches Wandern mit Blick auf den Giebel

An die schon passierten Stufen schließt sich kurz danach eine weitere, zugleich die letzte vor dem Giebelhaus an: „das Älpele". Hier ist der Einschnitt der Ostrach nicht so imposant wie in der Eisenbreche-Schlucht. Nun dehnt sich, 3 km lang, eine sanfte Wiesenebene, nur schwach ansteigend, bis zum Giebelhaus hin aus. Nach kurzem Fußmarsch erreicht man die rechts der Straße stehende Hubertuskapelle. Der kleine 1929 errichtete Holzbau erinnert ein wenig an skandinavische Stabkirchen. Schräg gegenüber, am anderen Bergfuß liegt der Hintere Erzberghof. Dem Wanderer bieten sich kurz nach der Hubertuskapelle zwei Wegmöglichkeiten im letzten Abschnitt der Wanderung. Wer nun von der bald über eine Brücke auf die rechte Flußseite wechselnde Straße Abwechslung haben will, dem weist ein Schild einen links der Ostrach verlaufenden Weg. Vor allem an warmen Tagen kann dieser Weg empfohlen werden, führt er doch in der zweiten Hälfte schattig durch den Auewald zum Endpunkt der Wanderung, dem Giebelhaus (1068 m).

Hier fließen die beiden Quellbäche der Ostrach, der von SW kommende Obertalbach sowie der von Süden kommende Bärgündelesbach zusammen.

Das Giebelhaus ist zugleich ein günstiger Ausgangspunkt für verschiedene Wanderungen und Hochtouren. Dem Bärgündelestal aufwärts folgend erreicht man das Prinz-Luitpold-Haus, das Obertal hinauf führt ein Weg zum Edmund-Probst-Haus, der Bergstation der Nebelhornbahn.

Tour 9
Einkehr im Retterschwangtal

Ausgangs- und Endpunkt:
Parkplatz an der Ostrach am Ortsausgang von Bad Oberdorf
Wanderzeit: 4 – 5 Stunden

Wir beginnen die heutige Wanderung, die auch für Kinder gut geeignet ist, an der Ostrach und wenden uns gleich nach der Bücke links zu „Willes Schmitte“ (erstes Gebäude am linken Wegrand). Falls dies bei anderer Gelegenheit noch nicht erfolgt ist, ist ein Besuch der Hammerschmiede nun obligatorisch. Seit etwa 600 Jahren sind die Hammerschmieden des Ostrachtals urkundlich belegt. Auch das Alter von „Willes Schmitte“ wird auf über 400 Jahre geschätzt. Seit dieser Zeit arbeitet das Hammerwerk ohne wesentliche Veränderung. Elektrisches Licht und der kleine Elektrohammer im Nebenraum (seit 1978) sind die einzigen Reminiszenzen an die Jetztzeit. Angetrieben werden die Schmiedehammer über unterschlächtige Wasserräder an der Ostrach. Vielleicht gestattet der Schmied auch den Austritt auf den Rädergang. In der Schmiede erleben wir, wie aus einem Stück Rohstahl Schaufeln, Hacken, Kratzer oder Pfannen geschmiedet werden. Dabei geht es fix zu, denn noch heute beträgt die Jahresproduktion der von Meister Scholl und seinen beiden Söhnen betriebenen Schmiede 15 000 – 20 000 Pfannen, 10 000 Kratzer, 2 000 Schaufeln und viele Pickel. Für den Touristen wird daneben auch noch manche Hellebarde nach altem Muster geschmiedet. Die Pfannen werden ausschließlich für den Hotelbedarf produziert, angesichts der preiswerten Energie und der hervorragenden Qualität ist dabei die Handschmiedearbeit noch konkurrenzfähig gegenüber industriellen Fertigern. Falls auch Sie es den Hotelköchen gleichtun wollen, verlegen Sie den Pfannenkauf auf den Rückweg und wenden sich nun wieder unserem Wanderweg zu.

Er führt als „Grüner-Plan-Weg“ in bequemen Schlingen bergan. Unter uns sehen wir im Wiesengelände Terrassen der Ostrach, die als zweistufige Treppe angelegt sind. Terrassen sind ehemalige Talböden. Sie stammen hier aus der letzten Übergangszeit von der Kalt- zur Warmzeit im Pleistozän, als der Gletscher bereits abgeschmolzen war, die Wasserführung aber bei periglazialen Klimabedingungen noch relativ gering war. In dieser Zeit reichte die Fließgeschwindigkeit der Ostrach nicht aus, die Schottermassen restlos weiterzutransportieren. Der Fluß schotterte sich sein eigenes Bett zu, es entstand ein weiter Talboden.

In den darauffolgenden Warmzeiten nahm die Wasserführung und somit auch die Fließgeschwindigkeit und Transportkraft der Ostrach wieder zu, der Fluß schnitt sich in seinen Schotterkörper ein. Wir erkennen nun, daß sich dieser Vorgang hier zweimal wiederholt hat.

Beim Anstieg ins Retterschwang bemerken wir zum Hintersteiner Tal blickend eine deutliche Stufe im Längsprofil, die von der Ostrach in engem Talquerprofil heute durchschnitten wird. Die höhere Fließgeschwindigkeit der Ostrach wird an

Ausschnitt aus der großen Zumstein-Wanderkarte Nr. 3
„Hindelang – Tannheimer Tal" 1 : 35000

0 500 1000 1500 2000 2500 m

Foto: Borsdorf

Blick ins Retterschwangtal, ein autofreies Seitental

dieser Stelle konsequent durch das Wasserkraftwerk „An der Bruck" genutzt, das mit seinen Laufwerkturbinen 1 500 kW erzeugt.
Ebenso tritt uns im Hintergrund eine weitgespannte schiefe Ebene vor Augen. Es ist der große Schwemmfächer des Willersbachs, den wir bei anderer Gelegenheit bereits im Aufschluß kennengelernt haben (Tour 8, Seite 126).
Dann ist das „Horn-Café" erreicht. Es führt uns in augenfälliger Weise den Funktionswandel vom einstigen Maiensäß zum Fremdenverkehr vor Augen. Erst 1979 erheblich renoviert, ist die frühere Funktion kaum noch zu erkennen. Die Buckelwiese rechts des Wegs ist eine Karsterscheinung und wurde durch die frühe Almrodung im hohen Mittelalter freigelegt. Heute werden die ehemaligen Weidegründe wieder aufgeforstet, zum Nachteil des Landschaftsbildes!

Gleich nach dem „Horn-Café" machen wir einen kleinen Abstecher nach links zur nur wenige Meter entfernten, aber etwas versteckten Hornkapelle. Sie wurde im

18. Jahrhundert errichtet und besitzt ein dem Jörg-Lederer-Altar von Bad Oberdorf nachempfundenes Altarbild, das zur kurzen Andacht einlädt.
Nachdem wir noch ein Stück vorangeschritten sind, blicken wir zurück und erkennen, daß auch das Retterschwangtal wie alle Seitentäler der Ostrach mit einer Gefällstufe in das Haupttal mündet. Auch dieses Tal ist demnach als Hängetal ausgebildet.

An der Abzweigung des Bergsteigs zur Rotspitze beginnt ein breiter und flach ausgeformter Talboden. Er ist nur glazial vorgeformt, seine Ebenheit verdankt er einem See, der sich erst im Postglazial gebildet hat und sich bis hinter die Stellenalpe ausdehnte. Beweis für die Existenz dieses Sees, der inzwischen längst durch die rückschreitende Erosion der Bsonderach wieder ausgeräumt wurde, sind die mächtigen Lehmlager gegenüber von „Brennte Garten", ehe die Brücke über die Bsonderach führt. Diese Lehme sind Ablagerungen des dem See dauernd zugeführten Schlammwassers, das sich an der tiefsten Stelle des Sees ablagerte. Entstanden ist der einstige See durch einen gewaltigen Felssturz vom Breitenberg, der die Bsonderach aufstaute und dessen Massen sie heute kataraktartig überwindet.
An der nun folgenden Brücke können wir eine Besonderheit der heutigen Erosionswirkung erkennen. Angesichts des geringen Gefälles der Bsonderach im einstigen Seegrund kann der Bach auch in die Breite erodieren (Lateralerosion). Wir erkennen deutlich die Unterspülung am steilen Prallhang und sehen, wie die Bäume leicht zum Wasserlauf hin abrutschen (Schrägstellung), da ihr Wurzelwerk einseitig nicht mehr fest verankert ist. Während die leichte Gefällstufe an der Brücke anthropogen (durch Brückenbau) verursacht ist, erkennen wir im folgenden deutlich alte Flußschlingen der Bsonderach in der breiten Talaue.

Vor dem Mitterhaus sehen wir, wie ein breiter Schuttkegel den Fluß an den Gegenhang drückt und in ein tiefes Bett zwingt.
Dann ist das Mitterhaus erreicht. An dieser Stelle befand sich ab 1575 die Sömmerungsstätte der Fugger für den in Hindelang betriebenen Stutenhof. Das heutige Mitterhaus stammt erst aus dem Jahr 1767 und wurde bereits als Sennalpe ausgelegt. Die Stutenaufzucht, belegt seit dem 14. Jahrhundert, endete endgültig 1834. Seither wird das Mitterhaus ausschließlich als Sennalpe betrieben, seit 1909 unter Aufsicht des Hauses Wittelsbach. Dem Traditionsbewußtsein dieser Grundherren, die weit über das Retterschwangtal hinaus im Raum Hindelang begütert sind, ist es vielleicht zu verdanken, daß das Mitterhaus als eine der wenigen Almen auch heute noch als Sennalpe und Käserei betrieben wird. Drei Monate wird die Alm beschlagen, heute mit etwa 20 bis 22 Milchkühen und 50 Stück Jungvieh. Nebenher wird rustikale Bewirtung mit eigener Milch und eigenem Käse durchgeführt. Ein Vesper in der urtümlichen Sennstube gehört zu den „großen" Erlebnissen eines Urlaubs in Oberjoch oder Hindelang.
Nebenher läßt sich ein ausgezeichneter Einblick in die Käseherstellung gewinnen. Zweimal täglich werden die Kühe gemolken, dabei fallen bei einer Tagesleistung von 18 l/Kuh etwa 360 l Milch pro Tag an. Aus dieser Milch wird täglich ein Ballen Käse hergestellt, der je nach Milchmenge unterschiedlich groß ist. Milch enthält zu

Käseformen trocknen vor dem Mitterhaus Foto: Borsdorf

87 % Wasser, daher ergeben 600 l Milch nur etwa 50 kg Bergkäse. Die auf dem Mitterhaus erzeugten Käse sind durchschnittlich 30 kg schwer.
Die Milch wird auf einem mit großen Holzscheiten geheizten Ofen in einem Kupferkessel erwärmt. Wir denken hierbei an die Waldabhängigkeit der Almen, deren großer Holzbedarf durch Abholzung im Almwald gedeckt wurde. Unter Zusatz von Laabpulver, gewonnen aus dem Laabmagen von Kälbern, wird die Milch auf 30 °C erwärmt. So wie die Milch im Kälbermagen sofort gerinnt, so gerinnen auch 300 l Milch durch Zusatz von 1 cm^3 Laabpulver in etwa einer halben Stunde. Mit Hilfe von Tüchern wird dann die geronnene Milch aus dem Kupferkessel genommen und in die hölzernen Käseformen gebracht. Die im Kessel verbleibende Flüssigkeit wird auf 90 °C erhitzt. Dabei trennen sich das enthaltende Eiweiß und die Bakterienkulturen von der Flüssigkeit. Damit werden die Käseformen ausgewaschen, um diese von Fremdbakterien zu reinigen. Die restliche Flüssigkeit (Molke) wird an Schweine verfüttert. Der Käseballen wird während des Tages in der Form gepreßt und mehrmals umgebettet. Die abfließende Flüssigkeit bekommen ebenfalls die Schweine. Sie sind im talwärts gelegenen Stall (Weg zur Gästetoilette!) untergebracht.
Auf der Alpe wird Bergkäse hergestellt. Dazu müssen die Käseballen, nachdem sie der Form entnommen wurden, mindestens 8 bis 12 Monate gelagert und etwa alle

Abbildung links: Das Mitterhaus lädt zur Rast im Retterschwangtal

Foto: Scholl

Foto: Borsdorf

Pferde, einst ein gewohnter Anblick im Retterschwangtal

14 Tage abgewaschen werden. Je länger der Käse gelagert wird, umso besser schmeckt er.
Um Emmentaler Käse zu erhalten, werden die Käseballen nach Entnahme aus der Form im Käsekeller 2 bis 3 Monate bei 25 °C gelagert. Dabei gärt der enthaltene Milchzucker, wodurch sich die Blasen bilden. Der fertige Käse wird an Käsehändler ins Tal geliefert, ein kleiner Teil wird auf der Alm an Wanderer verkauft.

Talaufwärts befindet sich in einer Talweitung (Konfluenzbecken) die Almstallung „Bei den Ställen". Dort lassen sich mehrere periodische und episodische Wasserlaufrinnen in der Wiese beobachten. Von hier ab versteilt sich das Talquerprofil. Beidseitig stürzen Wasserfälle die Hänge herab. Die überall vorhandenen Einfassungen der den Weg querenden Wasserläufe deuten auf die zerstörende Erosionskraft der Sturzbäche hin.

Foto: Borsdorf

Das Mitterhaus im Retterschwangtal

Unser Weg führt noch bis zur Entschen-Alpe, einer Galtalpe, wo wir den Unterschied zur Sennalpe Mitterhaus sehr deutlich studieren können. Wir genießen den Blick auf Talschluß und Nebelhorn und kehren dann im Tal zurück.

Möglich ist ab Mitterhaus der Rückweg über Strausbergsattel auf bequemen Wiesen- und Waldwegen über das Imberger Horn und die Horn-Alpe zurück zum Parkplatz. Bis etwa 17 Uhr kann für das letzte Wegstück auch die Sesselbahn am Imberger Horn benutzt werden. Noch vor der Bergstation der Sesselbahn hat man aus Waldlichtungen heraus einen schönen Blick auf den Jochpaß und Oberjoch.

Lohnend ist aber auch der Abstieg zum Weiler Bruck. Wir erkennen dabei in der Tiefe der Bachschlucht mächtige kesselförmige Auskolkungen im anstehenden Fels, Zeugen eines heute aufgegebenen Talverlaufs der Ur-Bsonderach. Vom Gasthaus „Ostrachwellen“ kehren wir dann auf bequemen Talweg zurück zum Parkplatz, wobei sich unterwegs noch ein Besuch auf der Erdgas-Bohrstelle der Preussag anbietet.

Varianten:

1. Aufstieg mit der Sesselbahn zur Horn-Alpe. Über das Imberger Horn oder westlich über die Strausberg-Alpe (bewirtschaftet) und den Strausbergsattel ins Retterschwangtal (herrlicher Talblick) zum Mitterhaus. Von dort der Rückweg wie beschrieben (ausgedehnte Halbtageswanderung von 4–5 Stunden) oder weiter ins obere Retterschwangtal (Tageswanderung).
2. Frühmorgens mit Linienbus nach Oberstdorf. Aufstieg mit der Nebelhornbahn zum Edmund-Probst-Haus. Weg zum Gundkopf, diesen westlich umgehen und „Am Gängele“ ins Retterschwang absteigen. Wegen eines Routenabschnitts auf einem Grat ist Schwindelfreiheit erforderlich. Eine anstrengende, aber lohnende Tour (Wanderzeit ca. 8 Stunden).

Foto: Scholl

In der Sommerfrische auf der Horn-Alpe

Tour 10
Eine kleine Gipfeltour – Bschießer – Ponten – Willers-Alpe

Ausgangspunkt: Oberjoch, Iseler-Sesselbahn
Wanderzeit: 4–5 Stunden

Den Aufstieg vom Oberjoch aus zum Iseler können wir bequem in der Sesselbahn vornehmen, eine reizvolle Variante stellt aber auch der Fußweg über die Untere Ochsenberg-Alpe, die Ochsenberg-Hütte und die einladende Iseler-Platz-Hütte dar. Ein weiterer Aufstieg führt von der Talstation dem Lift folgend direkt bergan. Ist der Iselergrat erreicht, biegen wir noch vor dem Kreuz nach Südosten ab und folgen dem Höhenweg bis zum Stuibensattel. Bis hierher ist der Weg in den Touren 1 (Seite 83) und 7 (Seite 116) beschrieben. Der Stuibensattel bildet einen Einschnitt, der eine Folge geologisch spiegelbildlich angeordneter Gesteine beinhaltet: vom Hauptdolomit gelangen wir über eine Kalkbank auf Kössener Schichten der jüngeren Trias, von dort auf dem Sattel in jurassischen Fleckenmergel (guter Alpboden!), beim Anstieg zum Bschießer wieder auf Kössener Schichten und später wieder auf Hauptdolomit.
Die Sattelhöhe zwischen Iseler und Bschießer ist noch in einer anderen Hinsicht aufschlußreich. Wenn wir uns ein wenig in österreichisches Gebiet hineinwagen, bemerken wir bald ein Bächlein, das von einem Höhenrücken, der zum Bschießer hin ansteigt, herabrieselt. Hier auf der Höhe können wir nun beobachten, daß der Bach sich im flachen Fleckenmergelgelände teilt und zur einen Hälfte in nordöstlicher Richtung nach Schattwald (Tirol) abfließt, zur anderen Hälfte aber nach Südwesten gegen Hinterstein abfließt. Die Geographen bezeichnen eine derartige Erscheinung etwas nüchtern als Bifurkation. Dieser Terminus erfüllt sich mit Leben, wenn man sich vorstellt, daß die Wasser unseres Bächleins, die einerseits als wilder Stuibenbach (oder Schattwaldbach) in die Vils und den Lech abfließen und andererseits aber über die Wasserfälle des Zipfelsbaches in die Ostrach von dort in Iller und Donau gelangen, sich erst in der Donau bei Einmündung des Lechs wiederfinden. Bifurkationen sind im allgemeinen selten, sie häufen sich allerdings im glazial gestalteten Relief. Auch der hier beobachtete zweiseitige Abfluß geht auf eine eiszeitliche Vorprägung des Reliefs zurück, als rückgestautes Eis des Ostrachgletschers, das nicht rasch genug in den Illergletscher abfließen konnte, sich über den Stuibensattel einen Ausweg suchte.
Wir gehen zurück zum Weidezaun der Stuiben-Alpe, der ja gleichzeitig die Staatsgrenze der Bundesrepublik Deutschland und Österreich bildet und folgen dem Höhenweg zum Bschießer. Unter uns die Weidefläche der Zipfels-Alpe. Wir erreichen auf leichtem Anstieg, der bald auf dem felsigen Untergrund des Hauptdolomits verläuft, den nördlichen dann über den ebenen Grat den südlichen Bschießergipfel (1999 m). Atemberaubend steil fallen die fast senkrecht erscheinenden, zersägten Dolomitwände des Grats nach Süden ab, zahlreiche Schotterströme ziehen von hier abwärts. Sie zeigen uns, daß in den Alpen vor allem die physikalische Ver-

Ausschnitt aus der großen Zumstein-Wanderkarte Nr. 3
„Hindelang – Tannheimer Tal“ 1 : 35000

0 500 1000 1500 2000 2500 m

witterung das derzeitige geomorphologische Geschehen bestimmt. Da das in Gesteinsfugen eindringende Wasser nach Gefrieren an Volumen zunimmt, wirkt dieses Eis wie Dynamit und sprengt den Fels immer weiter auf. Die zahlreichen Schotterfluren der Alpen belegen das ungeheure Ausmaß dieses Geschehens. Wir erinnern uns, daß die Dynamik der Frostsprengung an der „Schwarz-Weiß-Grenze“ der einstigen Gletscher und der einstmals aus dem Schnee herausragenden Felsen verantwortlich zeichnet für die Zuschärfung der Grate.
Der Übergang zum Ponten, der direkt vor uns liegt, erfolgt ohne weitere Schwierigkeit über den Grat. Herrlich der Blick auf die Tannheimer Gruppe einerseits und die Daumengruppe andererseits. Der Ponten (2 045 m) bietet noch einmal einen guten Rundumblick, nun auch auf Geißhorn (2 249 m) und Rauhhorn (2 240 m), die nächsten Dolomitgipfel auf dem Höhenweg, den wir aber nun verlassen, um zur Willers-Alpe abzusteigen.

Willers-Alpe Foto: Kaufmann

Es ist deutlich zu sehen, daß auch die grasbedeckte Mulde über der Willers-Alpe ein Kar darstellt. Der Grat dieses Kars reicht vom Ponten bogenförmig über Geißhorn und Schafwanne zum Gernkopf. Es handelt sich bei einem Kar dieser Dimension um ein Großkar, dessen einstige Karschwelle noch deutlich in Erscheinung tritt, wenngleich sie heute durch einen rezenten Erosionsriß durchschnitten wird.
Die freundliche Willers-Alpe (1 457 m) ist im Sommer bewirtschaftet und stellt von jeher einen der wichtigsten Anziehungspunkte im Hintersteiner Gebiet dar. Noch vor wenigen Jahren lebte und wirkte hier der berühmte Sennwirt Xaver, dessen urtümliche „Teufelsgeige" täglich in Aktion trat und den Touristen einen Eindruck alpenländischer Urwüchsigkeit vermittelte. Mit seinem Tod (1979) ist die Allgäuer Alpenwelt um ein Original ärmer geworden.
Die Willers-Alpe wurde bereits um 1500 als „Wilhorn Alb" genannt, ab 1582 ist der heutige Name überliefert. Die Willers-Alpe wird seit jeher gemeinsam mit der über

ihr gelegenen Feldalpe (1 771 m) betrieben. Der Name „Feldalpe" taucht häufig in den Alpen auf (z. B. auch im Bärgündeletal) und kennzeichnet einen bestimmten Alptyp. Diese Alpen besitzen zumeist sehr gute Almböden, deren Grasbewuchs zum Teil gemäht wurde. Das hier gewonnene Heu wurde jedoch nicht ins Tal gebracht, sondern als Futtervorrat für frühe Schneefälle auf der Alpe gelagert. Die Feldalpen sind somit Hochläger für tiefer gelegene Alpen. Unsere Feldalpe diente daher immer nur zur Erweiterung der Futterfläche und des Futtervorrats für die Willers-Alpe, eine Aufgabe, die sie sich im übrigen mit dem von der Willers-Alpe sichtbaren „Älpele" (1 600 m), ebenfalls ein Hochläger, teilte.
Die Milchverarbeitung befand sich immer schon auf der Willers-Alpe. Die auf der Feldalpe abgemolkene Milch wurde früher täglich von einem Schlittenknecht in einem auf einem Schlitten befestigten Faß über den Wiesenboden zur Willers-Alpe gefahren. Anschließend wurden Schlitten und Faß wieder bergauf getragen. Heute wird die Willers-Alpe neben 50 Stück Jungvieh noch von 15 Milchkühen bestoßen. Der Wanderer sollte nicht versäumen, die köstliche Alpenmilch zu probieren, da doch inzwischen nur noch fünf Alpen unseres Gebiets Sennalpen sind (neben der Willers-Alpe das Mitterhaus, die Stierengeratsgund-, Laufbichl- und Schwand-Alpe).

Der Abstieg nach Hinterstein bietet weniger als der von der Zipfels-Alpe aus. Auch er mag in dem abwechslungsreichen Wiesen- und Waldgelände auf dem Schwemmfächer des Willersbaches zu botanischen Studien Anlaß geben. Möglich ist auch der zunächst bequeme Weg über „Wildfräuleinstein" (hier sollen nach der Sage die „Wilden Fräulein" gehaust haben – ein Hinweis auf die keltische oder illyrische Vergangenheit). Der Weg führt dann an den „Wadenwänden" in steilem Zickzack rasch nach Hinterstein hinunter. Von Hinterstein aus fährt uns der Bus nach Hindelang oder Oberjoch zurück.

Tour 11
Die Fünf-Seen-Tour –
Vom Schrecksee zum Vilsalpsee

Ausgangspunkt: Parkplatz Hinterstein
Wanderzeit: 6 – 8 Stunden
Voraussetzungen: Bergschuhe, wärmende und regensichere Kleidung, Trittsicherheit

Die heutige Bergtour verlangt einige Kondition – sie bietet dafür aber auch viele Höhepunkte. Wer sich also bezaubern lassen will von malerischen Bergseen, wer einmalige Ausblicke auf Hochvogel und Tannheimer Berge genießen oder gar Gemsen ungestört beobachten möchte, der sollte sich morgens schon früh aufmachen – der Postbus am Ziel wartet nicht und der letzte in Richtung Oberjoch und Hindelang fährt schon kurz nach 17 Uhr.
Wir fahren mit Bus oder PKW ans Ortsende Hinterstein und folgen dem uns ja schon bekannten Weg durchs Hintersteiner Tal bis zum oberen Elektrizitätswerk (Variante: Abkürzung bis Hinterbachhof auf unbefestigtem Weg vom Parkplatz aus). Wer die 45 Minuten strammen Fußmarsches sparen will, benutzt den Bus zum Giebelhaus, vergißt aber nicht anzukündigen, daß er bereits am E-Werk aussteigen möchte.
Das Elektrizitätswerk steht in einem thematischen Zusammenhang mit unserer heutigen Tour, daher sollen hier einige Worte der Erläuterung folgen. Es wurde in den 20er Jahren unseres Jahrhunderts gebaut – unter den damaligen wirtschaftlichen Bedingungen zog sich der Bau über Jahre hin. 1925 konnte das Werk in Betrieb genommen werden. Der Strom wird durch Turbinen erzeugt, die über einen Druckstollen mit Wasserkraft betrieben werden. Das Wasser stammt aus einem eigens angelegten Stauweiher, 300 Höhenmeter über dem Kraftwerk. Mit zwei Turbinen wurden 1925 500 kW Leistung erreicht, heute sind es nach Einbau einer dritten Turbine 1 100 kW.
Diese Leistung wird jedoch nur in den Spitzenbedarfszeiten erbracht, von 22 bis 6 Uhr stehen die Turbinen still. Im Gegensatz zu anderen Wasserkraftwerken, den sogenannten Pumpspeicherwerken, wird das Wasser nachts nicht in den Speicher zurückgepumpt, sondern nach dem Turbinendurchlauf an die Ostrach abgegeben. Bei einem Wasserdurchlauf von ursprünglich 250 l/sec reichte im Winter die Wassermenge des Stauweihers nicht aus, um die Stromerzeugung zu sichern. Der oberhalb des Stauweihers gelegene Schrecksee wurde daher bereits 1934 mittels eines 4 m hohen Damms aufgestaut. Der See hat keinen oberflächigen Ablauf. Sein Wasser versickert langsam im kalkigen Untergrund und tritt in Form von Karstquellen unterhalb wieder aus. 1949/50 wurde der Schreckseedamm noch einmal um 8 m erhöht und unterhalb mit einem Ablaßstollen versehen. Insgesamt stehen nun 17 m Wasserhöhe zur Reserve. Dieses Wasser gelangt über oberflächige Wasserrinnen in den Stauweiher. Auf dieser Wasserbasis konnte 1959 eine dritte Turbine in Betrieb genommen werden, die nun mit weiteren 300 l/sec gespeist wird und

Ausschnitt aus der großen Zumstein-Wanderkarte Nr. 3
„Hindelang – Tannheimer Tal“ 1 : 35 000

allein 600 kW Strom erzeugt. Alle drei Wasserkraftwerke im Ostrachtal erzeugen somit je nach Wasserführung (da zum Teil Laufkraftwerke) zwischen 3 000 und 4 000 kW Strom.

Der Betrieb im oberen Werk wird durch jeweils drei Mann getätigt, die im Schichtbetrieb arbeiten. Häufig und vor allem nach Unwettern gehört zum Dienst auch der Anstieg zum Stauweiher, den wir nun auch vornehmen wollen.

Gleich nach der Viehschranke beginnt der Schreckseesteig. Er führt steil durch

Foto: Borsdorf

Industrie und Landschaftsästhetik: hier kein Gegensatz

Waldgelände bergan. Nach etwa 25 Minuten haben wir einen schönen Ausblick zurück zur Mösle-Alpe und auf Hengstkar und Daumengruppe. Der Name dieser Alpe (Kleines Moor) deutet auf die Lage der Alpflächen in einem Kar hin, dessen abflußloser Karboden vermoort ist.

Nach 45 Minuten ist der Stauweiher erreicht. Hier wie auch beim bisherigen Anstieg bewundern wir den überaus geglückten Einbau technischer Anlagen in die Berglandschaft. Die Druckstollen verlaufen unterirdisch, der Stauweiher schmiegt

Foto: Borsdorf

Vilsalpsee mit Restaurants

sich in das natürliche Relief ein. Obwohl er das Wasser des Taufersbachs einfängt, ist der Weiher abseits der Haupterosionsrinne angelegt, so daß Unwetterschäden selten auftreten. Nach weiteren 10 Minuten erreichen wir die Taufers-Alpe (1338 m), deren Dach uns als Wegweiser dient, wenn wir im kusseligen Mattengelände den Weg verlieren sollten. Wir erkennen, daß die Alphütte nach einem Wetterschaden nur teilweise und auch nur notdürftig wieder aufgebaut wurde. Auch die Trümmer der Umgebung verraten uns, daß die Almwirtschaft hier früher im größeren Umfang als heute betrieben wurde. Wo einst gemolken und gekäst wurde, treffen wir heute nur noch Galtvieh an, daher ist auch der Melkstall überflüssig geworden. Dieses Bild fügt sich in den großen Strukturwandel der Allgäuer Almwirtschaft ein, wie er auf Seite 58 ff. beschrieben wurde.
Die Taufers-Alpe gehört dem Haus Wittelsbach, das die Alm jedoch an die von einer Genossenschaft der Ortsgemeinde Bad Oberdorf betriebenen Erzberg-Alpe (im Hintersteiner Tal) verpachtet hat. Zusammen besitzen die Alpen 314 ha Weidefläche und werden mit 225 Stück Jungvieh beschlagen. Damit gehört die Erzberg-/ Taufers-Alpe zu den größten Almen im Hindelanger Raum.

Wir werfen noch einen Blick auf die Gern-Alpe, die vom Gernkopf am steilen Hang herübergrüßt. Sie wird bereits seit 1935 nicht mehr beschlagen, sicher ein Resultat der ungünstigen steilen und rutschgefährdeten Alpfläche. Auf diese Lage weist auch die Namensdeutung: Gern-Alpe, auch Geren-Alpe leitet sich ab von mittel-

Foto: Borsdorf

Der Traualpsee, ein aufgestauter Karsee

hochdeutsch: gere, d. h. Speer, auch: speerförmiges Landstück. Im Allgäu tritt dieser Name häufig bei steilen Grasbergen auf.
Etwa eine Stunde benötigen wir nun noch von der Taufers-Alpe zum Schrecksee. Der steile Talschluß des Tauferstales erscheint zunächst als sehr anstrengend, der Weg führt jedoch quer und relativ bequem bergauf. Beim Anstieg erkennen wir rückblickend, daß die Matten der Taufers-Alpe in einem Hochtal gelegen sind, das als Hängetal in das tiefer gelegene Hintersteiner Tal mündet.
Auch die verfallene „Schreckenhütte", die einstige Obere Taufers-Alpe, erinnert uns an den Rückgang der Almwirtschaft im Allgäu. Sie wird zuweilen noch mit Schafen beschlagen, die den Extensivierungsprozeß besonders augenfällig machen.
Endlich ist der Schrecksee erreicht, einer der schönsten Allgäuer Bergseen. Seine kühlen Wasser laden nicht unbedingt zum Bade, obwohl dies im Spätsommer für Hartgesottene durchaus möglich ist. Wir erkennen, daß der Schrecksee ein Karsee ist, wobei der Karboden nur unmittelbar vor der Schwelle von Wasser erfüllt ist, eigentlich aber über das wellige Moränenmaterial bis an die Karwand des kreuzgekrönten Kastenkopfes reicht. Zwei schöne Rundhöcker, als Insel und Landzunge ausgeprägt, zieren den See an seinem Ostufer, wobei die Staffeln auf der Insel, die nicht durch Viehtritt zu erklären sind, eindeutig belegen, daß diese Erscheinung mehr auf Soliflukation als auf Beweidung zurückzuführen ist.
Auch am Schrecksee bewundern wir wieder die gekonnte Einfügung technischer Anlagen in das Landschaftsbild. Die Staumauer des Sees ist so gut getarnt, daß sie dem uneingeweihten Wanderer nicht ins Auge fällt.

Wir wenden uns von der Ostspitze des Sees der Kirchdachscharte zu, die über einen bequemen Steig schnell erreicht ist. 90 Minuten trennen uns nun noch von der Landsberger Hütte. Wenn Zeit und Kraft genug vorhanden sind, können Tierfreunde auf wenig begangenem Weg ein Stück Richtung Knappenkopf oder Alpelsee voransteigen. (Achtung: nicht über die Schilder „Absturzgefahr" hinausgehen!) Hier gibt es fast eine Gemsengarantie! Der Abstieg zum Alpelsee lohnt sich jedoch nur für Botanikfreunde mit Bestimmbuch, die die Moorflora bewundern wollen. Oberhalb dann herrliche Enzianwiesen! Vom Alpelsee hält man sich Richtung Kasten-Alpe und steigt auf nicht bezeichnetem Weg auf die Steinkarspitze zu. Der Bergwanderer wird stattdessen von der Kirchdachscharte aus ganz rechts auf dem gekennzeichneten Weg bleiben, wobei hier stellenweise gute Trittsicherheit erforderlich ist. Der Weg hält in etwa das erreichte Höhenniveau. Unterwegs sollten wir einmal verschnaufen und den Blick auf unser heutiges Tagesziel, den Vilsalpsee, tief unter uns genießen. Über ihm erheben sich im Norden der Pfrontener Breitenberg mit der deutlich sichtbaren Ostlerhütte, östlich davon der wilde Aggenstein und ganz am Ende der Kette der „König-Ludwigs-Berg", der Säuling.
Nach dem Höhepunkt 1 864 m erwartet uns ein unvergeßlicher Blick auf den Hochvogel und seine bizarren Nachbarn südlich des einsamen Schwarzwassertals.
Nun ist die Landsberger Hütte (1 810 m) bald erreicht und damit der dritte See unserer Bergtour, die Lache (1 770 m). Anfang August sind die Buckelfluren übersät mit blühenden Alpenrosenbüschen. Lache und Traualpsee bilden ein Treppenkar mit

Foto: Borsdorf

Die Allgäuer Alpen mit Hochvogel (2 593 m)

jeweils steilen Karwänden. Der Traualpsee ist somit ebenfalls natürlicher Entstehung und erst in den letzten Jahren mit einer wenig schönen Staumauer als Rückhaltebecken ausgebaut worden.
Es ist schwer, eine Zeitangabe für den Abstieg zum Vilsalpsee zu machen. Er wird sich je nach Kondition zwischen 25 und 60 Minuten bewegen. Eine Stunde sollte aber einkalkuliert werden, um den Bus ab Fischerhütte sicher zu erreichen, der uns nach Oberjoch und Hindelang zurückfährt. Wenn etwas Zeit bleibt, können wir noch über die Entstehung des Vilsalpsees nachdenken. Er ist durch Abschnüren des Seebachtals durch einen Schwemmkegel entstanden und somit recht junger Entstehung.

Varianten:

1. Ab Vilsalpsee über die Vils-Alpe und Hintere Schafwanne zum Schrecksee, von dort wie beschrieben zurück.
2. Vom Parkplatz Hinterstein wie beschrieben zum Schrecksee, von dort auf bezeichnetem Weg zur Willers-Alpe und zurück zum Hintersteiner Parkplatz (Weg nicht ganz einfach!).
3. Bus bis Tannheim. Lift zum Neuenerkopf, von dort zur Landsberger Hütte. Dann in umgekehrter Richtung nach Hinterstein. Diese Tour bietet herrliche Ausblicke auf den Hochvogel, der lange im Blickfeld liegt. Sie ist bequemer, aber auch länger als die beschriebene Tour in umgekehrter Richtung. Die reine Gehzeit beträgt rund 7–8 Stunden.

VORSCHLÄGE FÜR AUTOTOUREN

Für Auto-„Wanderer" seien hier kommentarlos einige Vorschläge gemacht, bei denen aber jeweils doch ein kleiner Spaziergang „eingebaut" wurde.

1. Über Tannheim und Grän nach Pfronten. Dort Besuch in der Pfrontener Töpferei an der Ausfahrtstraße nach Füssen (mittwochs Betriebsbesichtigung), weiter nach Zell. Von dort Aufstieg zum Schloßberg mit den Ruinen Hohen Freyberg und Eisenberg. (Informationsbroschüre auf halben Weg an der Almhütte). Über Hopferau weiter an die „Allgäuer Riviera" Hopfen am See. Zurück über Hopfenried, Urbenthal (Drumlin-Landschaft, herrliche Einödhöfe) zum Weißensee und nach Pfronten. Über Grän zurück nach Oberjoch.

2. Durchs Tannheimer Tal den Gaichtpaß hinunter ins Lechtal (Lechterrassen). Weiter über Reutte, Plansee nach Schloß Linderhof (Besichtigung), Kloster Ettal (Likör probieren!) und Oberammergau (Ortsrundgang). Von dort über Wildsteig zur Wieskirche. Zurück über Füssen, Vils, Pfronten, Tannheim.

3. Über Unterjoch, Wertach, Grüntensee, Nesselwang nach Füssen. Besichtigung der Königschlösser Hohenschwangau und/oder Neuschwanstein. Rundgang um den Alpsee oder Wanderung durch die Pöllatschlucht (Klamm!) zur Marienbrücke. Über Reutte und Gaichtpaß zurück.

4. Über Sonthofen nach Tiefenbach bei Oberstdorf. Dort Wanderung durch die Breitachklamm. Weiter ins österreichische Kleine Walsertal (deutsches Zollgebiet) über Riezlern nach Mittelberg. Spaziergang zur Bühl-Alpe am Walmendinger Horn. Zurück auf gleichem Weg.

5. Neben dem Besuch von Heimatmuseen kann besonders ein Besuch des 1986 eröffneten „Alpin-Museums" im historischen Marstall von Kempten empfohlen werden, dem einzigen Museum seiner Art in der Bundesrepublik Deutschland.

Wintersport

Foto: Kaufmann

Skigebiet Oberjoch

Foto: Scholl

Rodelbahn von der Horn-Alpe

Wintersportmöglichkeiten in Oberjoch und Umgebung

Obgleich dieses Büchlein vorwiegend als landeskundlicher Wanderführer gestaltet ist, sollen auch die Wintersportmöglichkeiten Erwähnung finden. Im Vordergrund der sportlichen Betätigung steht selbstverständlich der Skilauf, sei es als Abfahrtslauf, sei es als Langlauf. Daneben findet man auf geräumten Wegen die Möglichkeit zum erholsamen Spaziergang. Unterhalb des Imberger Horns gibt es auch eine Rodelbahn.

Das Wintersportzentrum des Hindelanger Raumes ist Oberjoch. Seine Höhenlage schafft die klimatischen Voraussetzungen, die Nordhänge des Iselers (1 886 m) und des Kühgundrückens (1 908 m) bilden die Geländevoraussetzung für den Abfahrtslauf.

Wie auf Seite 25 schon ausgeführt wurde, ist in den Monaten Dezember bis März mit hoher Wahrscheinlichkeit mit einer beständigen Schneedecke zu rechnen. In Tauwetterphasen ist naheliegenderweise zuerst der Wintersport im Ostrachtal gefährdet. Aber selbst wenn der Schnee auf den Oberjocher Loipen schwindet, reicht die Schneedecke auf den Oberjocher Skihängen für den Abfahrtslauf aus. Die Pisten sind auf einem geologischen Untergrund angelegt, der vorwiegend aus Mergeln besteht. Daher treten auch bei aperer Schneedecke keine Felsen aus dem Skihang heraus. Die durch Höhenlage und Nordexposition gegebene Schneesicherheit und dieser für Skisportler ungefährliche Gesteinsuntergrund, machen die Beliebtheit des Iselerhanges für den Wintersport aus.

Die Anfänge des Skilaufens reichen bis in die Vorkriegszeit zurück. Der erste Lift (Iselerlift) wurde 1940 eröffnet. Heute stehen für den Abfahrtslauf in und bei Oberjoch nicht weniger als 8 Skilifte zur Auswahl:

- Schwandenlift
- Zubringerlift Oberjoch; der Lift endet nahe bei der Talstation des Iselerliftes
- Iseler-Sesselbahn – im Winter Schlepplift (Länge 1 280 m, Höhenunterschied 460 m)
- Idealhanglift (Länge 480 m)
- Gundlift (Länge 800 m)
- Wiedhaglift (Länge 1 150 m, Höhenunterschied 350 m)
- zwei Grenzwieslifte (1 100 m und 300 m Länge)

Weitere Ski-Schlepplifte: in Hindelang vom Café Sonnenbichl zum Politehang; in Bad Oberdorf der Kreuth-Lift; in Hinterstein der Buckelwiesenlift und der Familienlift; in Unterjoch die beiden Spieserlifte und der Sonnenhanglift.

Die Wertschätzung Oberjochs als Wintersportort findet auch darin Ausdruck, daß alljährlich die britische Rheinarmee ihre Skimeisterschaften hier abhält. Auch die „Skiartisten“ suchen Oberjoch gerne auf. Die Oberjocher Buckelpisten waren schon mehrere Male der Schauplatz von Trick-Ski-Meisterschaften. Schließlich hält das Sportinstitut der Universität Tübingen alljährlich Skikurse in Oberjoch ab. Wer in Oberjoch Quartier bezogen hat, wird in der Regel auf die im Ostrachtal existierenden Skilifts nicht angewiesen sein. Wer aber einen kleinen Ausflug machen möchte, oder aber aus Witterungsgründen auf höher gelegene Skipisten ausweichen will, dem bietet sich einerseits ein Ausflug über die nahegelegene Grenze hinweg ins österreichische Tannheimer Tal an. Bei Grän führt eine 3,6 km lange Abfahrtsstrecke vom Füssener Jöchle (1 816 m) ins Tal. Andererseits kann auch ein Ausflug in den Oberstdorfer Raum für Abwechslung sorgen. Die Nebelhornbahn mit Zusatzlifts erschließt Abfahrtsmöglichkeiten bis 2 200 m Höhe, die Fellhornbahn reicht immerhin noch bis in rund 2 000 m Höhe.

Auch die Langlauffreunde kommen in Oberjoch und Umgebung auf ihre Kosten. Gespurte Loipen führen durch das Hochmoor bis hinab nach Unterjoch. Mehrere Schleifen erlauben eine individuelle Gestaltung der Loipenlänge, vom kleinen Rundkurs durchs Moor bis zur großen Wanderung um Unterjoch und zurück nach Oberjoch.
Nicht unerwähnt bleiben dürfen die Loipenstrecken im Ostrachtal von Vorderhindelang talaufwärts bis Hinterstein, darunter auch ca. 1,5 km beleuchtete Nachtloipen. Insgesamt stehen dem Skilangläufer in Hindelang mit seinen Ortsteilen über 40 km gespurte Loipen zur Verfügung.

Bei entsprechenden Schneeverhältnissen könnte aber auch der Besuch der Rodelbahn locken. Sie erreicht man von Hindelang aus mit der auf die Horn-Alpe unterhalb des Imberger Horns führenden Sesselbahn. Die Rodelbahn führt von der Bergstation der Sesselbahn (1420 m) zur Horn-Alpe (1222 m) und weiter bis zum Grubplätzle bei Bad Oberdorf (820 m).

Damit sind noch nicht alle Betätigungsmöglichkeiten aufgezählt, die sich dem Erholungsuchenden und Sportbegeisterten im Winter in und um Oberjoch auftun. Auf rund 40 km geräumten Wanderwegen im Hindelanger Gemeindegebiet läßt sich die winterliche Bergwelt genießen.

Bei der Talstation der Sesselbahn zur Horn-Alpe kann man auf Natureis Eisstockschießen oder Eislaufen.
Das nächstgelegene Eislaufstadion ist im ca. 7 km entfernten Sonthofen anzutreffen.

Auch Möglichkeiten für Ausfahrten mit Pferdeschlitten bestehen. Für nähere Informationen wende man sich an die Kurverwaltung.

Vom Wandern im Hochgebirge

Nützliche Tips zur Ausrüstung, zur Tourenplanung und zum Verhalten auf der Wanderung

Nirgends wird dem Menschen so bewußt wie ambivalent die Natur ihm gegentritt, wie im Hochgebirge. Auf Schritt und Tritt erfreuen ihn die Schönheiten der belebten und unbelebten Welt, im nächsten Moment aber können von der eben noch bewunderten Idylle lebensbedrohende Gefahren ausgehen. Ein Steinschlag, ein Wetterumsturz, eine Lawine oder auch nur ein Ausgleiten am Steilhang haben schon manchen Wanderer in große Bedrängnis gebracht.

Folgende Verhaltensregeln sollte sich jeder, der im Hochgebirge wandern will, zu eigen machen:

Vor der Tour:

- Die Wanderung nach Karte genau planen! Zeitplan aufstellen, Horizontalentfernungen und Höhenleistungen nach individuellen Werten einkalkulieren. Als Richtschnur für einen rüstigen Bergwanderer mag gelten: 300 Höhenmeter im Anstieg = eine Stunde; im ebenen Gelände 5 km in einer Stunde. Pausen einplanen, Hütten und bewirtschaftete Almen markieren.
- Körperliche Eignung genau prüfen, Kräfte nicht überschätzen. Große Touren nicht am ersten Tag im Gebirge unternehmen. Zwei Stunden Anstieg genügen für den Anfang völlig.
- Über die Wettersituation genau informieren! Auf den Rat von Einheimischen hören.
- Bekannte bzw. den Pensions-/Hotelwirt über das Vorhaben informieren.
- Ausrüstung gewissenhaft zusammenstellen und überprüfen! Das Wichtigste in Stichworten: Wander- oder Trekkingschuhe, die bis über die Knöchel reichen; Berghose mit genügend Bewegungsfreiheit, möglichst lang oder Kniebundform; warmer Pullover; farbiger Anorak, um im Notfall gesehen zu werden; Rucksack; Mütze als Sonnenschutz; Sonnen- und Lippenschutzcreme; Regenschutz; Taschenmesser; Armbanduhr; Rucksackapotheke; Signalpfeife; Wanderkarte; Fotoapparat und Filme; Plastikbeutel für Abfälle.
  Falls vorhanden: Fernglas und Kompaß, Pflanzenbestimmungsbuch.

- Wanderverpflegung einkaufen: kräftige Brotzeit, ausreichend zu trinken (elektrolythaltige Getränke zum Ausgleich der Mineralsalzverluste, Frisch- oder Dörrobst, Schokolade, Süßigkeiten.

Auf der Wanderung:

- Möglichst einen Wandergefährten mitnehmen!
- Frühzeitig starten.
- Das Tempo immer den eigenen Kräften oder dem Schwächsten der Gruppe anpassen. Langsam steigen! Zu schnelles Gehen führt unweigerlich zu frühzeitiger Erschöpfung. Niemals schneller als 300 Höhenmeter/Stunde steigen.
- Bezeichnete Pfade nicht verlassen, auf Wegmarkierungen achten!
- Trinken, wenn sich Durst bemerkbar macht.
- Rasten, wenn der Körper es braucht. Generell ist es kräftesparender, im Anstieg langsam aber stetig zu gehen, anstatt unorganisch mit Pausen zu steigen.
- Zeit nehmen für die Wunder der Natur: Blumen, Tiere, Gesteine. Die umliegenden Gipfel mit Karten (und evtl. Kompaß) bestimmen.
- Wetterentwicklung beobachten.
- Alle Abfälle mit ins Tal nehmen. Keine Blumen abreißen!
- Keine Steine abtreten. Steinschlaggefährdete Stellen rasch durchschreiten.
- Im Abstieg keine „Abkürzung" suchen.
- Mut haben zur rechtzeitigen Umkehr. Die Wanderung sollte unbedingt abgebrochen werden bei Wetterumschwung, mangelnder Kondition, Schwindelgefühl, schlechtem Wegzustand, falscher Zeitplanung, bei aufkommendem Nebel.

Bei Unfällen:

- Notsignal geben (Pfeifen, Rufen, Taschenlampe).

Das alpine Notsignal wird in der Minute sechs Mal gegeben

- Ruhe bewahren. Farbigen Anorak anziehen. Warm halten.
- Einen Verletzten nach Möglichkeit nicht alleine lassen.
- Bei Unfallmeldung Angaben strukturieren: Wer, wo, wann, wie.

Anhang

Das Kurhaus von Hindelang Foto: Scholl

Literaturhinweise

AICHELE, D. et al.: Blumen der Alpen und der nordischen Länder. Kosmos Naturführer. Stuttgart 1977

AICHINGER, J.: Zur Entwicklungsgeschichte des Alpinismus und des alpinen Schneeschuhlaufs. Zeitschrift des Deutschen und Österreichischen Alpenvereins 50, 1919, S. 140–167

BERKTOLD, K.: Der Salzstadel auf dem Oberjoch und sein Ende. Allgäuer Geschichtsfreund, N.F. Nr. 42, 1938, S. 46–57

BRINKMANN, R.: Abriß der Geologie. Bd. 2: Historische Geologie. 8. Aufl. Stuttgart 1959

BUCHMÜLLER, K.: Das Bauernhaus in Oberschwaben. Wolfegger Reihe, Stuttgart 1982

CRÄMER, U.: Das Allgäu. Werden und Wesen eines Landschaftsbegriffs. Forsch. z. dt. Landesk. 84, 1954

Das schöne Allgäu. Sonderheft: Wanderwege und Bergtouren im Allgäu. Kempten o.J.

Der Landkreis Tübingen. Amtliche Kreisbeschreibung, Bd. 1, Tübingen 1967

DERTSCH, R.: Landkreis Sonthofen. München 1974 (= Historisches Ortsnamenbuch von Bayern, Schwaben, Bd. 7)

DREYER, A.: Geschichte der alpinen Literatur. Müchen 1938

ENGLMAIER, A. et al.: Strukturdaten der Alm-/Alpwirtschaft in Bayern, Ergebnisse der Alm/Alperhebung 1976. Schriftenr. des Alpeninstituts 9, München 1978

ENGELSCHALK, W.: Alpine Buckelfluren. Untersuchungen zur Frage der Buckelwiesen im Bereich des eiszeitlichen Isargletschers (= Regensburger Geogr. Schriften, H. 1), Regensburg 1971

ENZENSBERGER, E.: Zur touristischen Erschließung des Allgäus. Zeitschrift des Deutschen und Österreichischen Alpenvereins 37, 1906, S. 244–263

EPPNER, K.: Die Moore um Rosenheim. Das bayerische Inn-Oberland 20, 1935, S. 60–69

FISCHER, K.: Das Formenbild der Allgäuer Alpen. – In: Mitt. Verband deutscher Höhlen- und Karstforscher 22, 1976, H. 2, S. 43–48

FLIRI, F.: Das Klima der Alpen im Raume von Tirol. Monographien zur Landeskunde Tirols. Folge 1, Innsbruck 1975

FRÖHLING, M.: Das Hintersteiner Tal. Ber. z. deut. Landesk. 40, 1968, 1, 1–22

GASTL, R.: Die Veränderungen der Dauersiedlungen in den höheren Lagen des bayerischen Allgäus. Forsch. z. dt. Landesk. H. 36, Leipzig 1941

GREY-WILSON, C. und M. BLAMEY: Wildblühende Pflanzen der Alpen, Pyrenäen, Apenninen und der skandinavischen und britischen Gebirge. Pareys Bergblumenbuch. Berlin/Hamburg 1979

GROTH, H.: Kleiner Führer durch die Allgäuer Alpen. – München 2. Aufl. 1978

GÜNTHER, E.: Das schöne Ostrachtal. Land und Leben, 2. Aufl., Immenstadt 1957

GÜNTHER, E.: Jochstraße und Gaichtpaß zwischen Allgäu und Tirol. Hindelang 1977

GÜNTHER, E.: Rund um Hindelang. München, 27. Aufl., 1980

GWINNER, M. P.: Geologie der Alpen. Stratographie, Paläogeographie, Tektonik. Stuttgart 1971

HÄUSSLER, K. H.: Das Oberallgäu. Eine wirtschaftsgeographische Untersuchung. (Diss.) Tübingen 1958 (M. S.)

Abbildung links: Wiedemer Kopf (2163 m)

Foto: Scholl

HEGI, G., H. MERXMÜLLER und H. REISIGL: Alpenflora. Berlin/Hamburg 1977
HÖGER, U.: Der Fremdenverkehr in der Marktgemeinde Hindelang. (Wiss. Zulassungsarbeit). Tübingen 1976 (M. S.)
JAHN, W.: Zur Lernzielsequenz „Strukturanalyse eines Raumes". Beispiel Allgäu. – In: Geogr. Rundschau, Jg. 30, 1978, H. 4, S. 138–143
JAHN, W.: Das Allgäu. Materialien und Anleitungen zur analytischen und synoptischen Raumbetrachtung. München, Paderbron 1979
KASTNER, A.: Die Grafen von Montfort-Tettnang. Konstanz 1957
KAULE, G.: Die Übergangs- und Hochmoore Süddeutschlands und der Vogesen. Lehre 1974 (= Diss. Botanicae, Bd. 27)
Klima-Atlas von Bayern. Bad Kissingen 1952
KNUSSERT, R.: Zu den Römerstraßen im Raum südlich Kempten. Bayr. Vorgeschichtsblätter 28, 1963, 1/2, S. 162–166
KOEBCKE, R.: Morphologie des Illerquellgebietes zwischen Oberstdorf und dem Alpenrand. Frankfurter Geogr. Hefte, Bd. 8,2, 1934
LANGENBECK, F.: Zur Siedlungs- und Ortsnamenkunde des bayerischen Allgäus. – In: Alemannisches Jahrbuch 1955, S. 18–28
LAUDE, U.: Die Hindelanger Ostrachtalschaft im Allgäu. Eine kultur-geographische Studie. – (Diss.) Münster, 1963
LEHNER, W.: Die Eroberung der Alpen. München 1924
MAIER, J.: Die Leistungskraft einer Fremdenverkehrsgemeinde. Modellanalyse des Marktes Hindelang/Allgäu. WGI-Berichte zur Regionalforschung, H. 3, München 1970
MAIER, J.: Allgäu. Eine Landschaft im Wandel. Mitt. d. Geogr. Ges. in München, Bd. 60, München 1975, S. 5–36
NÖLSCHER, R.: Oberjoch (Gemeinde Hindelang). Sozial- und wirtschaftsgeographischer Strukturwandel der höchstgelegenen Dauersiedlung in den Allgäuer Alpen (= Wiss. Zulassungsarbeit), Tübingen 1977 (M. S.)
RICHTER, D.: Grundriß der Geologie der Alpen. Berlin und New York 1974
RICHTER, M.: Allgäuer Alpen (= Sammlung geologischer Führer, Bd. 45), Berlin 1966
RUPPERT, K., L. DEURINGER und J. MAIER: Das Bergbauerngebiet der deutschen Alpen. Soziale und ökonomische Probleme aus geographischer Sicht. – WGI-Bericht zur Regionalforschung. H. 7, München 1971
SCHMITT, F.: Allgäuer Bergsteiger-Chronik, Jb. d. Deut. Alpenvereins, Bd. 88, 1963, S. 13–25
SPANN, J.: Der Rückgang der Alpsennerei in der Schweiz, Österreich und Bayern unter besonderer Berücksichtigung des bayrischen Allgäus. Diss. München 1919
SPIEHLER, A.: Die Allgäuer Alpen. In: Deut.-Österr. Alpenverein (Hrsg.): Die Erschließung der Ostalpen, Bd. I: Die nördlichen Kalkalpen, Berlin 1893, S. 38–95
STARK, F.-J.: Die Milchwirtschaft des Allgäu. Innsbruck 1969 (= Beitr. z. alpenländischen Wirtschafts- und Sozialforschung, Folge 58)
WENDELBERGER, E.: Alpenpflanzen. Blumen, Gräser, Zwergsträucher. BLV-Intensivführer. München 1984
WIESNER, H.: Die alpwirtschaftlichen Verhältnisse des Bezirkes Sonthofen im bayrischen Allgäu; notwendige Maßnahmen zur Förderung des Betriebes einer sachgemäßen Alpwirtschaft. Diss. 1931
WINTER, H.: Weidewirtschaft im Allgäu und in der Nordwesteifel. – In: Geogr. Rundschau. Jg. 17, 1965, H. 12, S. 501–511
WISSMANN v., H.: Vom Verbleichen der Buntheit in der Umwelt des Menschen. In: H. Grees (Hrsg.): Die europäische Kulturlandschaft, Kiel 1974, S. 295–299 (=Festschr. f. K. H. Schröder)
ZELLER, W.: Die Entwicklung der Allgäuer Alpwirtschaft zwischen 1950 und 1975. – In: 50 Jahre Alpwirtschaftlicher Verein im Allgäu 1925–1975. Immenstadt 1975, S. 51–90

Karten für den Hindelanger und Oberjocher Raum

a) Topographische Karten, mit Aufdruck der Wanderwege

1 : 25 000	8428 Hindelang
	8528 Hinterstein
	8429 Pfronten
1 : 50 000	L 8528 Hindelang

b) Wanderkarten

1 : 25 000	Allgäuer und Lechtaler Alpen, Ostblatt, Alpenvereinskarte 2/2
1 : 50 000	Umgebungskarte Bayerns Nr. 8: Allgäuer Alpen, hg. vom Landesvermessungsamt München
1 : 35 000	Wanderkarte Hindelang–Tannheimer Tal. Zumstein-Verlag München.

c) Geologische Karte

1 : 25 000	Geologische Karte des Ostrach-Gebietes, hg. von der Bayerischen Landesstelle für Gewässerkunde, München 1964. Bearbeitet von W. Zacher.

Register

Topographisches Register

Sachregister

„Berghaus Iseler“ in Oberjoch

Für Ihre Notizen

Für Ihre Notizen

Giebelhaus 1067 m
Breite
Iseler 1886 m
hgund 1908 m
Hinterstein 865 m
Oberjoch 1150 m
Spieser 1649 m